KEYWORDS OF CONSTITUTIONAL LAW

確認
憲法用語

大沢秀介
大林啓吾
［編集］

成文堂

はしがき

　憲法の授業をしていると，授業後に憲法の専門用語について質問してくる学生がいます。授業中にあらゆる専門用語を解説するわけにはいかないので，学生が質問しにくるのもうなずけるところです。質問に来た学生にはその場で解説することで納得してもらうわけですが，そうした質問をたびたび受けると，用語だけをわかりやすく解説した書籍があると便利だと思うようになりました。ちょうど，そのようなことを考えていたときに，成文堂から憲法の用語集を出してくれないかとの依頼があり，2008年に「憲法用語300」を刊行しました。

　幸いなことに，「憲法用語300」の評判は上々で，版を重ねることができましたが，同時に，めまぐるしく変わる社会状況や最近の憲法学の動向を踏まえて，新たに用語の選定や執筆担当を大幅に変える必要がでてきました。そのため，本書は新たな書籍として刊行することになりました。

　用語の選定については，「憲法用語300」で取り上げた用語を中心にしつつ，新たに説明が必要だと思われる用語を選定し，他の箇所でも説明可能な用語については削ることにしました。担当箇所については，基本的に執筆者の専門分野を担当してもらうことにし，編者の方で適切と思われる執筆者にもお願いしました。その結果，より専門分野を細分化して，用語を担当してもらうことが可能になりました。

　本書は，できるだけ平易な言葉でわかりやすく解説することを心がけましたので，教科書の副教材として，あるいは教科書を読む前の入門書として利用してもらいたいと思います。また，法学部の学生のみならず，他学部の学生や一般の方まで，幅広く本書を手にとっていただければ幸いです。

　本書を作るにあたり，成文堂の飯村晃弘氏には，企画から編集まで全面的にサポートしてもらいました。飯村氏の尽力なくして本書は作れませんでしたので，この場を借りて，厚く御礼申し上げたいと思います。

　　　　　　　　　　　　　　　　　　　　大沢秀介　大林啓吾

目　　次

はしがき

Ⅰ　総　論

Ⅰ-1　国　家

❶国家（──の三要素）……………1
❷国民（──の意味，──の義務，──の総意）……………1
❸権力（──からの自由，──による自由，──への自由）……………1
❹君主制……………2
❺共和制……………2
❻ルソー……………2
❼ロック……………3
❽モンテスキュー……………3
❾抵抗権……………3
❿国家緊急権……………4
⓫消極国家……………4
⓬福祉国家……………5
⓭法治国家……………5
⓮民主主義……………5
⓯立憲主義……………6
⓰ドゥオーキン……………6

Ⅰ-2　憲　法

⓱憲法……………6
⓲実質的意味の憲法……………7
⓳形式的意味の憲法……………7
⓴成文憲法／不文憲法……………7
㉑憲法慣習……………8
㉒憲法制定権……………8
㉓欽定憲法……………9
㉔大日本帝国憲法……………9
㉕法律の留保……………9
㉖民定憲法……………10
㉗自然権……………10
㉘マグナ・カルタ……………11
㉙人権宣言……………11
㉚近代立憲主義……………11
㉛ワイマール憲法……………12
㉜世界人権宣言……………12
㉝条約……………12
㉞マッカーサー・ノート……………13
㉟公布……………13
㊱法の支配……………14
㊲制限規範……………14
㊳軟性憲法……………14

Ⅰ-3　国民主権

㊴前文……………15
㊵主権……………15
㊶ナシオン……………16
㊷プープル……………16
㊸日本国民の総意……………16

❹❹天皇……………………17
❹❺統治権……………………17
❹❻国事行為…………………17
❹❼儀式的行為／儀礼的行為…18
❹❽貴族制度…………………18
❹❾皇位………………………19
❺⓿皇室………………………19
❺❶象徴………………………19
❺❷栄典………………………20
❺❸恩赦………………………20

Ⅰ-4 平和主義

❺❹平和主義…………………20
❺❺自衛権……………………21
❺❻集団的自衛権……………21
❺❼徴兵制……………………22
❺❽日米安全保障条約………22
❺❾平和維持活動……………22
❻⓿有事法制…………………23
❻❶テロ対策法制……………23

Ⅱ 人 権

Ⅱ-1 人権論

❻❷基本的人権………………25
❻❸個人の尊厳………………25
❻❹権利の性格………………25
❻❺私人間効力………………26
❻❻人権享有主体……………26
❻❼公務員の人権……………26
❻❽全体の奉仕者……………27
❻❾外国人の人権……………27
❼⓿入国の自由………………27
❼❶法人の人権………………28
❼❷未成年者の人権…………28
❼❸在監者の人権……………28
❼❹特別権力関係……………29
❼❺公共の福祉………………29
❼❻内在的制約………………30
❼❼二重の基準………………30
❼❽プライバシー権…………30
❼❾自己情報コントロール権……31
❽⓿肖像権……………………31
❽❶名誉権……………………31
❽❷アクセス権………………32
❽❸環境権……………………32
❽❹嫌煙権……………………32
❽❺新しい人権………………33

Ⅱ-2 包括的基本権

❽❻包括的基本権……………33
❽❼幸福追求権………………33
❽❽自己決定権………………34

Ⅱ-3 精神的自由

❽❾精神的自由………………34
❾⓿思想・良心の自由………35
❾❶信教の自由………………35
❾❷宗教的行為の自由………35

❾❸政教分離の原則⋯⋯⋯⋯⋯⋯36	
❾❹レモンテスト⋯⋯⋯⋯⋯⋯⋯36	
❾❺エンドースメントテスト⋯⋯36	
❾❻制度的保障⋯⋯⋯⋯⋯⋯⋯⋯37	
❾❼表現の自由⋯⋯⋯⋯⋯⋯⋯⋯37	
❾❽情報公開制度⋯⋯⋯⋯⋯⋯⋯38	
❾❾個人情報保護制度⋯⋯⋯⋯⋯38	
⓾⓿検閲⋯⋯⋯⋯⋯⋯⋯⋯⋯⋯⋯38	

Ⅱ－4
平　　等

- ❶❷❼法の下の平等⋯⋯⋯⋯⋯⋯⋯48
- ❶❷❽形式的平等⋯⋯⋯⋯⋯⋯⋯⋯48
- ❶❷❾絶対的平等⋯⋯⋯⋯⋯⋯⋯⋯48
- ❶❸⓿配分的正義⋯⋯⋯⋯⋯⋯⋯⋯49
- ❶❸❶投票価値の平等⋯⋯⋯⋯⋯⋯49
- ❶❸❷アファーマティブ・アクション⋯50
- ❶❸❸逆差別⋯⋯⋯⋯⋯⋯⋯⋯⋯⋯50

- ⓾❶事前抑制⋯⋯⋯⋯⋯⋯⋯⋯⋯39
- ⓾❷内容規制／内容中立規制⋯⋯39
- ⓾❸扇動⋯⋯⋯⋯⋯⋯⋯⋯⋯⋯⋯39
- ⓾❹わいせつの概念⋯⋯⋯⋯⋯⋯40
- ⓾❺名誉毀損の免責⋯⋯⋯⋯⋯⋯40
- ⓾❻公正な論評の法理⋯⋯⋯⋯⋯40
- ⓾❼間接的・付随的制約⋯⋯⋯⋯41
- ⓾❽萎縮効果⋯⋯⋯⋯⋯⋯⋯⋯⋯41
- ⓾❾言論・出版の自由⋯⋯⋯⋯⋯41
- ❶❶⓿知る権利⋯⋯⋯⋯⋯⋯⋯⋯42
- ❶❶❶反論権⋯⋯⋯⋯⋯⋯⋯⋯⋯42
- ❶❶❷囚われの聴衆⋯⋯⋯⋯⋯⋯42
- ❶❶❸報道の自由⋯⋯⋯⋯⋯⋯⋯43
- ❶❶❹放送の自由⋯⋯⋯⋯⋯⋯⋯43
- ❶❶❺取材の自由⋯⋯⋯⋯⋯⋯⋯43
- ❶❶❻取材源秘匿権⋯⋯⋯⋯⋯⋯44
- ❶❶❼期待権⋯⋯⋯⋯⋯⋯⋯⋯⋯44
- ❶❶❽違憲な条件の法理⋯⋯⋯⋯44
- ❶❶❾パブリック・フォーラム⋯⋯45
- ❶❷⓿過度の広範性ゆえに無効の法理⋯45
- ❶❷❶明確性の原則⋯⋯⋯⋯⋯⋯46
- ❶❷❷ヘイトスピーチ(憎悪言論)⋯46
- ❶❷❸結社の自由⋯⋯⋯⋯⋯⋯⋯46
- ❶❷❹学問の自由⋯⋯⋯⋯⋯⋯⋯47
- ❶❷❺大学の自治⋯⋯⋯⋯⋯⋯⋯47
- ❶❷❻教授の自由⋯⋯⋯⋯⋯⋯⋯47

Ⅱ－5
人身の自由

- ❶❸❹人身の自由⋯⋯⋯⋯⋯⋯⋯⋯50
- ❶❸❺人身保護令状⋯⋯⋯⋯⋯⋯⋯51
- ❶❸❻奴隷的拘束からの自由⋯⋯⋯51
- ❶❸❼兵役の義務⋯⋯⋯⋯⋯⋯⋯⋯51
- ❶❸❽罪刑法定主義⋯⋯⋯⋯⋯⋯⋯52
- ❶❸❾法定手続の保障(適正手続)⋯52
- ❶❹⓿適正手続(デュー・プロセス)⋯⋯52
- ❶❹❶二重の危険⋯⋯⋯⋯⋯⋯⋯⋯53
- ❶❹❷現行犯⋯⋯⋯⋯⋯⋯⋯⋯⋯⋯53
- ❶❹❸緊急逮捕⋯⋯⋯⋯⋯⋯⋯⋯⋯54
- ❶❹❹別件逮捕⋯⋯⋯⋯⋯⋯⋯⋯⋯54
- ❶❹❺令状主義⋯⋯⋯⋯⋯⋯⋯⋯⋯54
- ❶❹❻刑事補償⋯⋯⋯⋯⋯⋯⋯⋯⋯55
- ❶❹❼自白⋯⋯⋯⋯⋯⋯⋯⋯⋯⋯⋯55
- ❶❹❽遡及処罰の禁止⋯⋯⋯⋯⋯⋯55
- ❶❹❾弁護人依頼権⋯⋯⋯⋯⋯⋯⋯56

Ⅱ－6
経済的自由

- ❶❺⓿経済的自由⋯⋯⋯⋯⋯⋯⋯⋯56
- ❶❺❶職業選択の自由⋯⋯⋯⋯⋯⋯56

- ❶❺❷目的二分論……………57
- ❶❺❸営業の自由……………57
- ❶❺❹許可制…………………58
- ❶❺❺居住・移転の自由………58
- ❶❺❻国籍離脱の自由…………58
- ❶❺❼海外渡航の自由…………59
- ❶❺❽財産権…………………59
- ❶❺❾私有財産制度……………60
- ❶❻⓿特別の犠牲……………60
- ❶❻❶正当な補償……………61

Ⅱ-7
社 会 権

- ❶❻❷社会権…………………61
- ❶❻❸生存権…………………61
- ❶❻❹プログラム規定…………62
- ❶❻❺具体的権利……………62
- ❶❻❻抽象的権利……………62
- ❶❻❼教育を受ける権利………63
- ❶❻❽学習権…………………63
- ❶❻❾労働基本権……………63
- ❶❼⓿団結権…………………64
- ❶❼❶団体交渉権……………64

- ❶❼❷争議権…………………64

Ⅱ-8
参 政 権

- ❶❼❸参政権…………………65
- ❶❼❹選挙権／被選挙権………65
- ❶❼❺在外国民の選挙権………65
- ❶❼❻比例代表制……………66

Ⅱ-9
国務請求権

- ❶❼❼国務請求権……………66
- ❶❼❽国家賠償………………67
- ❶❼❾裁判を受ける権利………67
- ❶❽⓿傍聴の自由……………67
- ❶❽❶情報公開請求権…………68
- ❶❽❷請願権…………………68

Ⅱ-10
国民の義務

- ❶❽❸勤労の義務……………68
- ❶❽❹納税の義務……………69

Ⅲ 統 治

Ⅲ-1
統治機構

- ❶❽❺権力分立(三権分立)……………70
- ❶❽❻議院内閣制………………70
- ❶❽❼ディパートメンタリズム………70

Ⅲ-2
国 会

- ❶❽❽国会……………………71
- ❶❽❾立法権…………………71
- ❶❾⓿全国民の代表…………71
- ❶❾❶半代表…………………72
- ❶❾❷政治的意味の代表………72

- ⑬自由委任／命令委任……………73
- ⑭国権の最高機関…………………73
- ⑮唯一の立法機関…………………73
- ⑯委任立法……………………………74
- ⑰一院制／二院制…………………74
- ⑱議院規則…………………………74
- ⑲国会議員…………………………75
- ⑳不逮捕特権………………………75
- ㉑免責特権…………………………76
- ㉒弾劾………………………………76
- ㉓会期………………………………76
- ㉔議案………………………………77
- ㉕議院………………………………77
- ㉖議院規則制定権…………………77
- ㉗緊急集会…………………………78
- ㉘公聴会……………………………78
- ㉙国政調査権………………………78
- ㉚証人………………………………79
- ㉛衆議院……………………………79
- ㉜参議院……………………………79
- ㉝常会………………………………80
- ㉞政党………………………………80
- ㉟選挙制度…………………………81
- ㊱党議拘束…………………………81
- ㊲普通選挙…………………………81
- ㊳制限選挙…………………………82
- ㊴戸別訪問の禁止…………………82
- ㊵議員定数の不均衡………………82
- ㊶立法裁量…………………………83
- ㊷立法の不作為……………………83

Ⅲ-3 内閣

- ㊸内閣………………………………83
- ㊹行政権／執行権／執政権………84
- ㊺誠実な法の執行…………………84
- ㊻国民内閣制………………………84
- ㊼政令(命令)………………………85
- ㊽規則………………………………85
- ㊾解散………………………………86
- ㊿総辞職……………………………86
- ㉛閣議………………………………86
- ㉜文民統制…………………………87
- ㉝行政行為…………………………87
- ㉞行政の不作為……………………87
- ㉟内閣総理大臣の異議……………88
- ㊱独立行政委員会…………………88

Ⅲ-4 裁判所

- ㉗司法権……………………………88
- ㉘司法権の限界……………………89
- ㉙司法管轄権………………………89
- ㉚最高裁判所………………………90
- ㉛最高裁判所規則…………………90
- ㉜下級裁判所………………………90
- ㉝特別裁判所………………………91
- ㉞原告適格…………………………91
- ㉟訴えの利益………………………92
- ㊱第三者の権利の援用……………92
- ㊲事件性……………………………93
- ㊳法律上の争訟……………………93
- ㊴客観訴訟…………………………93
- ㊵機関訴訟…………………………94
- ㊶民衆訴訟…………………………94
- ㊷住民訴訟…………………………95
- ㊸現代型訴訟………………………95
- ㊹憲法訴訟…………………………95

㉕㊊裁判の公開………………………96
㊎非訟事件……………………………96
㊐インカメラ…………………………96
㊑裁判官………………………………97
㊒国民審査……………………………97
㊓陪審制………………………………97
㊔裁判員制度…………………………98
㊕裁判外紛争処理手続………………98
㊖判例…………………………………99
㊗法廷意見……………………………99
㊘傍論…………………………………99
㊙補足意見／意見／反対意見／少数
　意見………………………………100
㊚先例拘束性………………………100
㊛違憲審査権(司法審査権)………100
㊜憲法判断…………………………101
㊝実質的証拠法則…………………102
㊞司法消極主義／司法積極主義…102
㊟将来効判決………………………103
㊠統治行為(政治問題)……………103
㊡部分社会の法理…………………103
㊢適用違憲…………………………104
㊣法令違憲…………………………105
㊤部分無効…………………………105
㊥処分違憲…………………………106
㊦立法事実…………………………106
㊧事情判決…………………………106
㊨三段階審査………………………107
㊩比例原則…………………………107
㊪裁量の逸脱濫用…………………108
㊫判断過程統制……………………108
㊬合憲限定解釈……………………108
㊭合憲性の推定……………………109
㊮合理性の基準……………………110

㊯明白かつ現在の危険……………110
㊰目的効果基準……………………110
㊱明白性の原則……………………111
㊲LRAの基準………………………111
㊳違憲判決の効力…………………111

Ⅲ－5
財　政

㊴財政民主主義……………………112
㊵租税法律主義……………………112
㊶公の支配…………………………113
㊷公金支出…………………………113
㊸私学助成…………………………113
㊹会計検査院………………………114
㊺予算………………………………114
㊻決算………………………………115

Ⅲ－6
地方自治

㉛地方自治の本旨…………………115
㉜自主財政権………………………115
㉝自主立法権………………………116
㉞条例………………………………116
㉟上乗せ・横だし条例……………116
㊱住民自治…………………………117
㊲団体自治…………………………117
㊳自治事務…………………………117
㊴地方自治特別法…………………118
㊵首相公選制………………………118
㊶連邦制……………………………119
㊷オンブズマン……………………119

| Ⅲ－7 憲法改正 | Ⅲ－8 憲法保障 |

❸❶❸憲法改正 …………………119
❸❶❹憲法調査会 ………………120
❸❶❺国民投票 …………………120

❸❶❻憲法保障 …………………120
❸❶❼最高法規 …………………121
❸❶❽根本規範 …………………121
❸❶❾憲法尊重擁護義務 …………121
❸❷⓿立憲主義と民主主義 ………122

日本国憲法 ……………………………………………………123
用語索引 ………………………………………………………132

❶ 国家（——の三要素）

国家とは一般に、一定の領土とその住民を治める排他的な統治権（主権）をもつ政治的共同体と定義される。この領土、人民、主権を、国家の三要素と呼び、こうした説明を国家三要素説と呼ぶ。領土とは、国家の統治権が排他的に及ぶ区域を指し、これには領空及び領海が含まれるが、この範囲は主として国際法により決定されるものである。国民とは、その共同体に属しその統治権に包括的に服する人民を指すが、この範囲は国内法により定められる。主権とは、その領土及び国民を支配し、その統治のあり方を自ら定める、国家の絶対的・排他的・始原的な権力である。国家というひとつの団体を、独立した一個の法人格すなわち権利義務の主体であるととらえ、国家機関の行為をその国家の行為とみなす考え方が、いわゆる国家法人説である。また、国家を一個の生命体に擬する考え方が国家有機体説であり、ここから国家元首（head of the state）という呼称が生まれた。

〈稲葉実香〉

❷ 国民（——の意味，——の義務，——の総意）

国民とは、国家という共同体の構成員であり、その国家の法に支配される人間である。国民たる資格は国籍と呼ばれるが、国籍の取得要件には国によって血統主義と出生地主義の二つがあることから（日本は原則として前者）、重国籍や無国籍の人間が存在する。「国民」という文言は、その文脈により、権利・義務の主体としての個々の国民、国家機関として統治に関与する有権者団、主権者としての国民、という三つの概念に区別することができる。立憲主義とは国民の権利保護を目的とするものであるので、国民の義務は必ずしも憲法に定める必要はなく、また具体的義務を課すためには立法によらねばならない。主権者としての国民は、年齢や能力、個々の思想に拘らず、また現在・過去・未来にわたって、国籍を有する人すべてを包含する抽象的な統一体としての概念であり、日本国憲法前文冒頭の「日本国民」や、第1条にいう「日本国民の総意」は、この意味でとらえられる。

〈稲葉実香〉

❸ 権力（——からの自由，——による自由，——への自由）

社会の規律や秩序を守らせるため、その構成員に対し正当に承認された強制力を行使しうるとき、これを政治権力と呼び、国家において組織化された政治権力を国家権力と呼ぶ。国民主権を採用する国家においては、あらゆる権力の淵源は国民にあり、国民は憲法を制定するというもっとも根源的な権力（pouvoir constituant）を行使することによって、立法権や行政権、司法権といった国家権力を組織し（pouvoir constitué）、その行使方法を規律する。

権力はしばしば濫用され，また国家権力は警察や軍隊といった暴力装置によってその強制力を担保するがゆえに個人に対する不当な侵害をもたらしやすい。そこで憲法に保障すべき人権を定めるのであるが，個人に対する国家の干渉を禁止する自由権を「権力からの自由」，国家に一定の作為を要求する社会権や国務請求権を「権力による自由」，国家の意思形成それ自体に参画する参政権を「権力への自由」と分類することが可能である。　〈稲葉実香〉

❹君主制

君主制とは，国家および国民統合の象徴としての世襲の君主（王，皇帝，公，首長など）が国を支配する政体を指す。かつての君主は国家主権の担い手であり，その権力は王権神授説に基づき法によっては制約しえないものとされていた（絶対君主制）。この政体の下で暴君の酷政を止める術は，理論的には革命の他に存在しない。近代以降，多くの国で君主制が廃止され共和制へと移行し，また一部の国では君主制自体は維持しつつもその権力は憲法によって制限しうるとする立憲君主制へと移行した。現在存続する君主国のほとんどが立憲君主制をとっている。日本国憲法においては国民主権を採用し，天皇から政治的権限を剝奪して象徴的存在と位置づけたため，これを君主制と見るかどうかには議論がある。しかし立憲君主制の下では君主の権限は名目化してゆくことから，天皇は君主であるとして差し支えはなく，対外的にも日本は立憲君主国とみなされている。
　〈稲葉実香〉

❺共和制

共和制とは，君主制の対義語であり，君主の存在しない政体を指す。現在ではもっとも多い国家形態である。共和制（republic）の語源は，ラテン語で公の事柄ひいては共同体を意味する res publica である。通常，共和制における国家元首は大統領と呼称され（他に総統，国家主席など），多くは国民により，直接的または間接的（議会による指名など）に，任期を限って選出される。しかし，共和制は単に君主の存在しないことを意味するので，民主政や国民主権とイコールではなく，共和制国家の元首が必ずしも民主的に選ばれるとは限らない。選挙が行われないか極めて形骸化している国も存在し，また民主的に選出された元首が独裁政治を行うこともありうる。また，君主制における君主と同じく，国家元首の政治的権限が名目上のものである国も存在する。　〈稲葉実香〉

❻ルソー

ジャン・ジャック・ルソー（Jean-Jacques Rousseau, 1712-1778）はフランスの啓蒙思想家であり，社会契約論者である。『人間不平等起源論』（1755）や『社会契約論』（1762）にみられるように，彼の考える自然状態とは，文明社会が形成される以前であり，共感によって互いに助け合う理想社会である。しか

し理性の発達により共感は失われ，私有財産制が生まれ，欲望による争いが絶えない堕落した社会になった。そこで，個人は自己の持つすべての権利を共同体に譲渡する社会契約を結び，全員参加による人民集会において，個人の特殊利害の総体としての全体意志ではなく，すべての構成員の利益を図る一般意志を決定する。この一般意志によって国家は統治され，ここにおいて国民は真に自由な存在となり，国民と国家は一体のものとなる。このような直接民主制，人民主権の思想は，フランス革命にも多大な理論的影響を及ぼした。 〈稲葉実香〉

❼ロック

ジョン・ロック（John Locke, 1632-1704）は，イギリスの啓蒙思想家・社会契約論者であり，近代自由主義の祖と呼ばれる。『統治二論』（1690）で彼は，権力や規範の存在しない自然状態において，個人は自ら秩序を形成できる理性的な存在であり，他人の自由と権利を侵害しないという自然法を守って生き，平和的社会を形成すると考えた。ただし，紛争解決機関として政府が必要であり，そのために国民は，全員一致による信託に基づいて自己の権力を政府に与える社会契約を結ぶのである。政府はこの権力を国民の生命・自由・財産を保護する目的で行使しなければならず，もし政府が国民の信託に反し国民の権利を不当に侵害する場合は，抵抗権や革命権が認められると考えた。

また，彼は国家権力を立法，執行，同盟の三権に分離し，これがモンテスキューに受け継がれ三権分立論が成立することになる。彼の思想は，アメリカ独立宣言やフランス人権宣言に大きな影響を与えた。 〈稲葉実香〉

❽モンテスキュー

シャルル＝ルイ・ド・モンテスキュー（Charles-Louis de Montesquieu, 1689-1755）は，フランスの啓蒙思想家である。彼はその主著『法の精神』（1748）においてフランスの絶対王政を批判し，ロックの思想およびイギリスの制度を称揚して，人民の政治的自由は制限政体のもとでのみ可能になるとした。そして権力は濫用されるという経験的思考を出発点とし，人民の自由を保護するために権力が権力を抑制することの必要性を説いた。国家権力を立法，執行，裁判という三つの作用に分け，これらの権力とその担い手たる組織及び人間を分離することで互いに掣肘させ，自由を保障するのである。また，国民は自ら治める存在でなければならないという民主政の思想のもと，立法に関しては人民が直接または代理人を通して行うことが必要であると述べた。彼の権力分立論はその後の各国の憲法に取り入れられ，立憲主義の中核をなすものとなっている。 〈稲葉実香〉

❾抵抗権

抵抗権とは，政府によって国民の権利や自由が著しく侵害され，憲法秩序が破壊された

ときに，国民が自ら実力をもってこれに抵抗し，正常な立憲政治を回復する権利をいう。フランス人権宣言第二条には「圧制に対する抵抗」の権利が掲げられており，またアメリカ独立宣言にも抵抗権の思想があらわれている。憲法秩序が維持されている限り，国民には参政権や表現の自由などの行使により，また憲法訴訟といった手段により，政府の権力濫用をただす手段が存在するので，こうした憲法上の制度が有効に機能しない例外的な事態にのみ，抵抗権が問題となる。また，抵抗権は暴力的な手段や組織的実力行使に訴えることを認めるものであり，その行使自体が立憲主義に対する混乱を招く危険をはらむことから，憲法秩序が重大な危機にさらされる極めて例外的な場合にのみ行使し得るものと考えるべきである。なお，実力行使を伴わない市民的不服従を抵抗権に含めることもある。〈稲葉実香〉

❿国家緊急権（こっかきんきゅうけん）

国家緊急権とは，憲法や法律が定める通常の制度では対処し得ないような大規模な戦争・内乱・災害・経済危機などによって，国家の存立そのものや平和がまさに脅かされているという緊急事態が生じた場合に，国民を保護し，国家の存立を守り，憲法秩序の回復をはかるため，国家機関に認められる非常措置権をいう。具体的には，戒厳令または非常事態宣言が発令され，これによって平常時の憲法上の規律の一部が解除され，政府は議会の承認なくして軍事力の発動や人権の制限などを行うことができる。国家緊急権は憲法上の明文規定がなくとも認められると解されるが，それが濫用された場合には立憲主義そのものを破壊する危険性をはらんでいるため，憲法において国民の生命や自由を守るという目的を明確にし，具体的な発動要件や手続，効果，緊急事態においてとられた措置の事後的な審査と責任追及の方法などをあらかじめ定めておくことが望ましい。

〈稲葉実香〉

⓫消極国家（しょうきょくこっか）

国防と国内の治安維持を主たる任務とし，国民の経済活動への介入を最小限とする国家のこと。18世紀末から19世紀にかけての国家観。市民革命によって誕生した近代立憲主義は絶対君主の権力を制限することに主眼を置いたために，そこで保障される基本的人権としては国家権力からの恣意的な干渉を受けないという自由権が専ら念頭に置かれていた。また，こうした自由観に影響を与えたA・スミス等の自由放任主義（レッセ・フェール）の下では，自由市場における国民の経済活動を最大限尊重し，国家の役割は最低限度の国防と国内の治安維持に限定されると考えられていた。なお，経済的強者が弱者を搾取する自由に過ぎないとして自由放任主義を批判する立場からは，消極国家は皮肉を込めて夜警国家（F・ラッサール）とも称される。〈大江一平〉

⓬福祉国家（ふくしこっか）

国民の経済活動に積極的に介入し、雇用の創出や社会保障を行なうことで、貧困や失業等の解決を図る国家のこと。行政機能の拡大に注目する観点から行政国家、社会主義国家と区別する観点から社会国家とも称される。20世紀以降の国家観。自由放任主義の影響を受けた19世紀の消極国家は、資本主義の発展による深刻な貧困や失業問題に対処できず、こうした状況については社会主義からの強い批判がなされた。そのため、社会権を保障した1919年のドイツ・ワイマール憲法に見受けられるように、社会主義への移行を拒否しつつも資本主義の弊害を緩和するために、20世紀以降の先進資本主義国は福祉国家の要素を取り入れるに至った。しかし、福祉国家においてはその施策を実現するために行政機能が著しく肥大化する傾向にある。そのため、委任立法や行政裁量の拡大によって法律による行政の原則が形骸化してしまうことや、財政支出の増加が大きな問題として指摘されている。　〈大江一平〉

⓭法治国家（ほうちこっか）

行政権や司法権の行使が議会の制定した法律に基づいてなされる国家のこと。あるいはそうした考え方（法治主義）。第2次世界大戦前のドイツにおける法治国家思想は行政権による国民の権利制限が法律に基づかなければならないこと（「法律の留保」原則）を強調したが、同原則が法律によりさえすれば国民の権利を制限し得るという方向で用いられ、また、法律それ自体の妥当性を問題としなかった点で英米法における法の支配とは大きく異なっており（形式的法治国家）、ナチズムの台頭を防ぐことができなかった。それゆえ戦後のドイツでは、基本権がすべての国家権力を拘束することを規定し（ドイツ連邦共和国基本法1条3項）、憲法裁判所によって基本権に反する法律を排除するようになった（実質的法治国家）。そのため、現在では法治国家と法の支配はほぼ同様の意味で用いられる場合が多い。　〈大江一平〉

⓮民主主義（みんしゅしゅぎ）

民意に基づいて国家の政治を行なうという考え方。民衆（デモス）の支配（クラティア）が語源である。民主主義については、立憲民主主義のように、それを基本的人権や法の支配等の概念を含む望ましい政治を示す用語として理解する立場と、多数決ルールや選挙制度等、もっぱら民意の決定方式を示す用語として理解する立場がある。一般的には前者の用法が有力であるが、多数決ルールと少数者の人権の緊張関係を明確にするために、後者の用法に拠るべきとの主張もなされている。なお、民主主義はそれを実現する制度の観点から、国民代表に政治権力の行使を委ねる間接民主制（代表民主制）と、国民投票や国民発案によって国民が直接に政治権力を行使する直接民主制に分類される。日本国憲法は前文や43条で間接民

主制に基づくことを示しつつも，地方自治特別法の住民投票制度（95条）や憲法改正国民投票（96条）を規定している。　　　　　　　　〈大江一平〉

❶⑤立憲主義（りっけんしゅぎ）　国家権力の行使が基本的人権と権力分立制度を保障する憲法に基づかなければならないとする考え方。イギリス，アメリカ，フランス等における市民革命によって誕生した。立憲主義の成立には，英米法における法の支配や，生命・自由・財産といった自然権を保護するために国家が設立されると主張したJ・ロック等の社会契約論が大きな役割を果たした。立憲主義の主要な要素としては，フランス人権宣言16条が示すように，基本的人権の保障や権力分立制度等があげられる。19世紀の近代立憲主義が保障した基本的人権は精神的自由や経済的自由といった自由権が中心であったが，資本主義の発展による貧富の差の拡大を背景として，20世紀以降の現代立憲主義は生存権や労働基本権等の社会権も併せて保障するに至った。そして，ファシズムの苦い経験を踏まえて，第二次世界大戦後に制定された各国憲法は司法審査制を導入した。また，国際化の時代を迎え，各種の人権条約を通じた国際的な人権保障の必要性も説かれている。　　〈大江一平〉

❶⑥ドゥオーキン　ロナルド・ドゥオーキン（Ronald Dworkin, 1931-2013）は，アメリカの法哲学者である。法は「全か無か」で適用されるルールだけでなく，判断を一定方向へと導く複数の道徳的な「原理」から成り立っているとし，明確なルールが存在しない事案であっても，裁判官の解釈は最も重みのある原理によって拘束されると考えた。したがって法解釈において道徳的判断は不可避であり，裁判官は既存の法実践に適合するだけでなく，「最善の光の下に」それを正当化する判断をすべきだとされる。原理はさらに政策と（狭義の）原理に区別され，裁判官の法的判断は，社会全体の利益を実現しようとする「政策」に基づく論証よりも，個人や集団の権利を保障する（狭義の）「原理」に基づく論証を優先すべきであるという「切り札としての権利」の考え方を主張した。他にも平等論や憲法解釈方法論や生命倫理の議論などで多くの業績を残している。
　　　　　　　　　　　　〈丸　祐一〉

❶⑦憲法（けんぽう）　「憲」と「法」はともに，「のり」「さだめ」の意味であるが，それを組み合わせた「憲法」は，constitution（英・仏）やVerfassung（独）の訳語として使われる。constitutionなどは，もともと身体の状態，組織・団体の構成，制度・体制といった広い意味で用いられる言葉であるが，法学や歴史学では国家や政府の構造や組織を意味する（歴史学では「国制」とも訳される）。constitutionなどは，国家構造や政府組織の実態や本質といった事実の側面をさす意味で

も用いられるが，日本語の「憲法」は，国家や政府の構造や組織を定める法規範という意味に限定して使われる。そのように限定されてもなお，「憲法」という言葉には複数の意味がある。それらの意味を正確に区別するときには，実質的意味の憲法，近代的（立憲的）意味の憲法，形式的意味の憲法などという。〈須賀博志〉

⓲実質的意味の憲法（じっしつてきいみけんぽう）　国家や政府の構造や組織を定める法規範を，その規範が成文であるか不文であるかを問わず，「憲法」と呼ぶことがある。この用法を「実質的（本来的）意味の憲法」という。「国家あるところ憲法あり」という場合や，歴史家が「古代ローマの憲法」という場合の「憲法」が，これにあたる（「国制」とも訳される）。

「実質的意味の憲法」のうち，その内容が立憲主義に立脚しているものを，「憲法」と呼ぶこともある。「イギリスは憲法の母国である」という場合の「憲法」がこれで，「近代的（立憲的）意味の憲法」という。この意味での憲法秩序は，権利保障と権力分立を本質的要素とする。

なお，「憲法」という言葉は，国家や政府の構造や組織を定める個々の法規範をさして使われる場合と，それらの規範の複合体である憲法秩序全体をさして使われる場合とがある。「内閣法〇条は憲法規範だ」という場合は前者の用法である。後者は，文学的に「この国のかたち」と表現されることもある。〈須賀博志〉

⓳形式的意味の憲法（けいしきてきいみけんぽう）　国家や政府の構造や組織を定める特定の制定法を，「憲法」と呼ぶ場合がある。この制定法を「形式的意味の憲法」という。「形式的意味の憲法」は，定義上，制定法すなわち成文法である。「形式的意味の憲法」は，通常，一つの組織的・体系的な法典とされ，「憲法典」と呼ばれる。

特定の制定法がどのような基準で「憲法」と呼ばれるかというと，①その制定法の表題が「憲法」である，②その制定法が「実質的意味の憲法」の重要部分を内容とする，③その制定法の効力が通常の法律に優位する，の3つの基準が考えられる。日本国憲法は①②③のいずれの基準でも「形式的意味の憲法」である。「ドイツ連邦共和国基本法」は，①表題は「憲法」ではないが，②③の基準で「憲法」と呼ばれることがある。イギリスには①②③のいずれの基準でも「憲法」とされる制定法はなく，「イギリスに憲法なし」といわれることがある。もちろんイギリスにも，実質的・近代的意味の憲法は存在する。〈須賀博志〉

⓴成文憲法／不文憲法（せいぶんけんぽう／ふぶんけんぽう）　国家や政府の構造や組織を定める法規範（実質的意味の憲法）の複合体である憲法秩序全体についての分類である。立憲諸国の多くでは，憲法秩序の重要部分がまず制定

法（形式的意味の憲法≒憲法典）で定められ，この基本となる制定法をその他の成文法（法律・議院規則）や不文法（判例・慣習）が補充する形で，憲法秩序全体が形成されている。このような憲法秩序を「成文憲法」という。

これに対しイギリスでは，中世以来の国政上の慣習や裁判所の判例といった不文法が憲法秩序の基本をなし，それを変更・補充する必要が生じれば法律（成文法）を定める，という形で憲法秩序が形成されてきた。このような憲法秩序を「不文憲法」という。イギリスでも，1701年の王位継承法，1911年の議会法，1998年の人権法，2005年の憲法改革法など，実質的意味の憲法を内容とする議会制定法がしだいに増えつつあり，「不文憲法」といっても憲法秩序がすべて不文法からなるという意味ではない。　　〈須賀博志〉

㉑憲法慣習（けんぽうかんしゅう）　実質的意味の憲法（国家や政府の構造や組織を定める法規範）を内容とする慣習をいう。実質的意味の憲法の不文法源の一つ。たとえば，不文憲法国のイギリスでは，議院内閣制を規律する法規範は慣習として存在する。どの国でも，議院先例という形の慣習が，議院手続を定める法規範として重要な役割を果たす。

なお「法源」とは，具体的な問題・事案が生じたときに，それを規律すべき法規範を発見する根拠となる素材をいう。国法により法制定権限を与えられた者が条文形式で制定・公布する成文法源（法律，命令，条約など）と，条文の形式を取らない不文法源とに分けられる。不文法源には，判例，慣習，条理がある。「慣習」とは，社会構成員であれば通常したがう慣行（ならわし・しきたり・先例）のうちで，社会構成員がそれに法的に拘束されると一般に感じているものをいう。「条理」とは，ものの「ことわり」・「すじみち」の意味で，法の一般原理ともいわれる。　　〈須賀博志〉

㉒憲法制定権（けんぽうせいていけん）　憲法をつくる権力または権威。憲法によって設けられた権力・権限（立法権・行政権・司法権）と対比して，それらより上位の権力・権威と観念される。

「憲法」の語の意味が多様なため，「憲法制定権」もさまざまなニュアンスを持つ。「憲法」が実質的意味の憲法の全体秩序ととらえられると，それをつくりだす憲法制定権は，国家構造や政府組織を根底からくつがえす革命を正統化する根拠となる。他方，「憲法」が形式的意味の憲法（憲法典）ととらえられると，憲法制定権は憲法典を審議・決定する議会や国民（公民団）の権限とみなされ，憲法改正権と同視される。憲法制定権論の代表的論者であるカール・シュミットの見解は独特で，「憲法」を国家構造・政府組織の根本的な原則に限定し，それは憲法制定権者である「国民」のみが代表議会によらず「喝采」によって決定で

きるとする。この見解では，憲法典の個々の条文を変更する権限に過ぎない憲法改正権は，「憲法」を変えることができない。　　　　　　〈須賀博志〉

㉓欽定憲法（きんていけんぽう）　君主（国王・皇帝など）の権威を根拠として制定された憲法（形式的意味の憲法≒憲法典）。「君定憲法」ともいう。これに対して，国民の権威を根拠に制定された憲法を「民定憲法」，君主と国民代表議会との合意を根拠に制定された憲法を「協約憲法」という。大日本帝国憲法は欽定憲法，日本国憲法は通説によると民定憲法である。

欽定憲法を制定する君主は，現実に存在するナマ身の人間であるので，憲法制定後も憲法によって設けられた国家機関の地位に納まり活動する。すなわち，欽定憲法はかならず君主制を採用する。また，欽定憲法の下では，憲法に本来定めておくべきことが規定されていない場合の補充決定や，憲法争議の決定は，憲法がこれらについて規定をおいていないときには，君主が「憲法をつくる権力」を発動して行うことになる。これに対して，民定憲法の制定根拠である「国民」は，観念の中でのみ考えられるものに過ぎないので，そのような立場や権力をもちえない。　　　　　　　　〈須賀博志〉

㉔大日本帝国憲法（だいにっぽんていこくけんぽう）　日本最初の近代立憲主義憲法典。公式略称は「帝国憲法」，通称は「明治憲法」「旧憲法」。1889（明治22）年2月11日発布，翌年11月29日施行，1947（昭和22）年5月3日施行の日本国憲法により全部改正。

憲法制定の基本方針は，1881年，「明治十四年の政変」の際に，井上毅の起草した岩倉具視憲法意見書によって固められた。その後，伊藤博文が中心となって，宮中改革，内閣制度創設，官制改革などの体制整備が行われた。帝国憲法は，1886年5月頃から伊藤・井上らによって起草され，1888年5月からの枢密院での審議を経て，天皇の名で制定・発布された。7章76か条からなる小規模な憲法典であり，皇室事項は旧皇室典範に，選挙制度や議会制度なども多くを憲法附属法令に委ねていた。国民代表の衆議院を含む議会，天皇の大権行使に対する大臣の責任，独立した司法権，法律の留保による権利保障といった立憲主義の要素を備えるが，広範な行政命令が認められ，財政統制権が制約され，政府統制の手段が質問に限られるなど，議会の権力は限定されていた。　　　　〈須賀博志〉

㉕法律の留保（ほうりつのりゅうほ）　法律の留保には二つの意味がある。一つは行政法学上の用法であり，この意味における法律の留保（Vorbehalt des Gesetzes）は，行政権の活動は法律の根拠に基づかなければならないとする原則をいう。もう一つは憲法学上の用法であり，この意味における法律の留保（Gesetzesvorbehalt）は，憲法が保障する自由を制約するためには法律

によらなければならないとする権利保障方式をいう。

大日本帝国憲法は、臣民の自由の多くについて「法律ノ範囲内ニ於テ」保障するという形で、法律の留保型の権利保障を採用していた。帝国憲法以前には、自由は行政部の意思のみで制約することができたため、本原則の採用は一定の自由保障の役割を果たした。しかし、本原則は、法律によれば自由を無制限に制約できることをも意味しており、憲法上も、緊急勅令（8条）や独立命令（9条）の制度が存在していたこと、また、法律が立法の委任を多用していたことなどから、自由保障の実効は限定的なものにとどまった。

〈鈴木　敦〉

㉖民定憲法（みんていけんぽう）

民定憲法とは、国民の権威を根拠として制定された憲法をいう。制定の根拠とされる権威を基準とする憲法典の分類のひとつであり、同様に、君主の権威を根拠として制定された憲法を「欽定憲法」、また、君主と国民の代表者との合意を権威として制定された憲法を「協約憲法」という。

日本国憲法は、事実においては、GHQが起草した原案を基に、欽定憲法たる大日本帝国憲法の規定する改正手続（73条）によって制定されたが、その前文が「日本国民は、…ここに主権が国民に存することを宣言し、この憲法を確定する」としているように、制定の根拠とされる権威は国民であり、通説では民定憲法とされる。

なお、ここにいう「国民」とは、現実に存在する生身の国籍保有者ではなく、観念的に想定される統一体を意味する。したがって、「国民」は、その名において行動する代表者を通じてのみ行動しうるのであり、君主とは異なり、憲法組織の中に機関として活動する場を有しない。

〈鈴木　敦〉

㉗自然権（しぜんけん）

自然権とは、神または自然法により与えられ、人間が生まれながらにして有するとされる権利をいう。自然権は、国家の法制定を通じて創設され個人に保障される権利ではなく、個人が自然状態（国家成立以前の状態）において有するとされる権利を意味しており、実定法を超える権威として主張されてきた。

このような自然権思想は、18世紀末の近代市民革命とそれに伴う人権宣言の誕生に大きな影響を与えたとされ、例えば、1776年のヴァージニア権利章典は、「財産を取得所有し、幸福と安全とを追求獲得する手段とともに、生命と自由とを享受する権利」を、いかなる契約によっても奪うことのできない人間の生来の権利とした。

自然権は、人間が人間であることにより有する権利という意味で「人権」とも呼ばれることがあるが、日本国憲法も、基本的人権を「侵すことのできない永久の権利」（憲11・97）と位置づけており、自然権思想に依拠しているということができる。

〈鈴木　敦〉

❷⑧マグナ・カルタ

マグナ・カルタ（Magna Carta）とは，イングランド王ジョン（John）が，王からの直接受封者であるバロン（Baron）らの要求を受けて，1215年に与えた勅許状であり，大憲章（Great Charter）ともいう。

その内容は，王の課税権の制限や正当な裁判手続の保障などを含む封建契約の再確認であり，本来は勅許状としての性格を超えるものではなかったが，マグナ・カルタはコモン・ローを明文化したものであるとする，中世イングランドの法律家コーク（Sir Edward Coke）による近代的解釈を通じて，清教徒革命（Puritan Revolution）の根拠とされたことから，イギリス憲政史上の重要文書としての位置づけを得た。また，その理念は，アメリカ合衆国の建国にも影響を与えている。

1215年の際には，脅迫を理由としてローマ教皇により無効とされたが，1216年，1217年，1225年に三度の修正・再発布を受け，最終的にエドワード一世（Edward I）によって1297年に制定されたものが現行法となっており，1628年の権利請願（Petition of Right），1689年の権利章典（Bill of Rights）とあわせてイギリス憲法を構成する三大法典とされる。〈鈴木　敦〉

❷⑨人権宣言
じんけんせんげん

人権宣言とは，人間の権利・自由を宣言し，これを保障する旨を定めた一群の規定や文書をいう。その思想的淵源は中世イングランドのマグナ・カルタにまでさかのぼるとされるが，近代的な意味での人権宣言の誕生は，1776年のヴァージニア権利章典や1789年のフランス人権宣言（人及び市民の権利宣言）をもってその嚆矢とする。

これらの人権宣言は，人間が生来的に有している権利を確認するものであり，自然権思想に立脚するものであった。また，両人権宣言は，その後，1776年のヴァージニア憲法と1791年のフランス共和国憲法にそれぞれ取り込まれたが，これ以降，統治機構とともに，人権宣言を憲法典の中に定式化するのが通例となる。

なお，19世紀から20世紀前半にかけて制定された憲法典の多くは，国家の存在を前提に，「国民」の権利を宣言するというように，必ずしも自然権的な人権観念を採用しなかったが，このような権利宣言を「外見的人権宣言」ということがある。〈鈴木　敦〉

❸⓪近代立憲主義
きんだいりっけんしゅぎ

広く立憲主義という場合，その内容は，政治権力を制限する思想または仕組みをいい（広義の立憲主義），この意味における立憲主義は古代のギリシアやローマにおいても見られる。これに対し，近代立憲主義とは，近世ヨーロッパにおいて誕生し，18世紀の近代市民革命を通じて確立された思想であり，憲法により近代国家の権力を制限しようとする思想または仕組みをいう（狭義の立憲主義）。

近代立憲主義の指標としては、目的としての「人権保障」と、その実現手段としての「権力分立」が挙げられるが、1789年のフランス人権宣言（人及び市民の権利宣言）第16条が「権利の保障が確保されず、権力分立が定められていない社会は、すべて憲法をもつものではない」としたのは、端的にこの思想を表したものといえる。

　なお、憲法典をもたないイギリスが、はやくから権力制限を達成してきたことからも分かるように、近代立憲主義の確立と憲法典の存否に必然的な関係はない。　　　　　　　〈鈴木　敦〉

㉛ワイマール憲法　ワイマール憲法とは、1919年8月11日制定の「ドイツ・ライヒ憲法」の通称である。第一次世界大戦後のドイツ革命により帝政が崩壊すると、テューリンゲン州ワイマールにおいて憲法制定会議が開かれたため、このように呼称される。

　本憲法は全181ヵ条に及ぶ大法典であり、自由権や平等原則という古典的な人権に加えて、経済生活秩序を「人たるに値する生存を保障することを目指す正義の諸原則」に適合させる規定（151条1項）を置くなど、世界的にも最初期に憲法で社会国家的諸原則を示した点に特徴がある。また、国民主権を明記し、男女平等を原則とした完全普通選挙制を採用したため、民主的な憲法として高い評価を受けた。

　しかし、ナチス（国家社会主義ドイツ労働者党）による権力掌握を防ぐことができず、1933年2月28日の大統領命令による基本権条項の停止、同年3月24日の全権委任法の成立などにより、憲法自体の改正手続を経ずに、ワイマール憲法体制は崩壊した。〈鈴木　敦〉

㉜世界人権宣言　世界人権宣言とは、1948年12月10日の第三回国際連合総会において採択された宣言である。1930年代から第二次世界大戦にかけてのナチズムなどによる人権侵害への反省から、「すべての者のために人権及び基本的自由を尊重する」ことが国際連合の目的として掲げられた（国際連合憲章1条3号）が、同宣言はこうした人権尊重の精神を具体化するものとして採択されたものである。また全30条を有する同宣言は、主に市民的・政治的権利（1条〜21条）と社会的・経済的・文化的権利（22条〜27条）を規定しているが、「すべての人民とすべての国とが達成すべき共通の基準」（前文）として作成されたものであるため、条約ではなく、法的拘束力をもつ文書ではない。しかし同宣言は、国際機構で初めて採択された包括的な人権文書であるため、各国の国内法やその後採択される国際人権諸条約の基礎となるなど、国際人権保障の発展に大きな影響を及ぼした。

〈手塚崇聡〉

㉝条約　条約とは、国際法主体（通常は国家）間で文書により締結される合意のことをいう。条約は

その名称の如何を問わず，協定，規約，憲章，議定書，宣言などを含むが，いわゆる行政協定や技術的・細目的な協定は含まれない。憲法98条2項の「条約」の意義も同様である。条約は内閣が締結するが，事前または事後に国会の承認を得なければならない（憲73三）。条約の批准には天皇の認証が必要であり（憲7八），批准され認証を受けた条約は，天皇によって公布される（憲7一）。また，条約は国内法と同一次元に属するとする考え方（一元論）が有力であることから，憲法との効力関係が問題となる。この点については憲法優位説と条約優位説が対立し，現在憲法学においては前者が通説的地位を占める。なお，旧日米安全保障条約の違憲性が問題となった砂川事件で，最高裁は当該条約が高度の政治性を有することを理由に憲法判断を差し控えた（→㉖⑨）。　　　　　　〈手塚崇聡〉

㉞マッカーサー・ノート　マッカーサー・ノートとは，連合国最高司令官総司令部（GHQ）における日本国憲法草案の起草作業にあたり，草案に盛り込むべき必須要件として示された諸原則またはその文書をいう。1946年2月4日のGHQ民政局（GS）での会合の際，連合国最高司令官ダグラス・マッカーサー（Douglas MacArthur）の名において示された原則であるため，このように呼称される。

その主たる内容は，①天皇の元首の地位・皇位の世襲・立憲君主制，②自衛を含む一切の戦争の放棄及び戦力の不保持，③封建制度の廃止，④イギリス式予算制度の採用である。なお，「マッカーサー三原則」とも呼ばれることがあるが，この呼称は，後から加えられたと考えられる④の原則の位置づけを欠く点に注意を要する。

いわゆるGHQ草案（マッカーサー草案）は，本文書のほかに，ポツダム宣言，降伏文書，合衆国政府の指針を示した文書「日本の統治体制の改革」（SWNCC 228）等の内容に基づき，欧米各国の憲法典を参考にして9日間で作成され，2月13日に日本側に交付された。　　　　　　　〈鈴木　敦〉

㉟公布　こうふ　公布とは，法令が制定されたこと及びその内容を国民一般に告知する行為をいい，法令施行の要件とされる。日本国憲法は，憲法改正，法律，政令及び条約については，内閣の助言と承認により，天皇が国事行為として公布を行うことを定めている（憲7一）。

公布の方法については，帝国憲法下では，公式令（明治40年勅令6号）によって官報登載という方式が定められていたが，日本国憲法の施行と同時に公式令が廃止されると，これに代わる法律が存在しないまま，慣行として官報による法令の公布が続けられてきており，判例もこれを追認する形で，特段の定めがない限りは，「法令の公布は従前通り，官報をもってせられるも

のと解するのが相当」だとした（最大判昭32・12・28）。また、公布の時期については、一般国民が当該法令を登載した官報を閲覧・購入できる状態になった最初の時点であるとし、全国同時施行制を前提としている（最大判昭33・10・15）。 〈鈴木 敦〉

❸❻法の支配

法の支配（rule of law）とは、絶対王政のように権力者が法に拘束されずに政治を行う「人の支配（rule of man）」に対立する概念であり、予め定められた法によって国家機関の恣意的な権力行使を制限することで、国民の自由を保障しようとする英米法の憲法原理をいう。

法の支配は、「国王は何人の下にもあるべきではないが、神と法の下にある」とした13世紀イングランドの法律家ブラクトン（Henry de Bracton）の言葉を引用することで、イングランド王ジェイムズ一世（James I）の王権を抑制した16世紀の法律家コーク（Sir Edward Coke）により確立され、19世紀の法学者ダイシー（Albert Venn Dicey）によって理論的に体系化された。

ただし、現代における「法の支配」論は、そこに憲法の最高法規性や人権保障などを含めることで本原理を実質的に理解する立場と、法の一般性・抽象性・明確性という点を重視することで本原理を形式的に理解する立場に大きく分かれ、その意味するところは必ずしも一様でない。 〈鈴木 敦〉

❸❼制限規範

制限規範とは、立法の内容を制限する特質を備えた憲法規範をいう。立憲主義憲法は、国民の自由を保障するために国家権力を制限することをその眼目としているが、例えば、「信教の自由」の保障規定（憲20①）などに代表される自由権の諸規定は、包括的な立法権の授権の一部を除外することで、立法権を部分的に制限する規範であるということができる。特に憲法の最高規範性が前提とされ、制度としての違憲審査制が存在すれば、その制限は法的効果をもつことになる。

また、憲法規範をその特質から分類する場合、制限規範のほかに、国家機関を設置し、そこにどのような人物を据えるかを定める「組織規範」や、国家機関に統治権の一部を与え、その行使の方法を定める「授権規範」がある。なお、憲法が授権規範であるということは、同時にその権力の限界を画するものであることをも意味するため、授権規範と制限規範とは、しばしば一体として理解される。 〈鈴木 敦〉

❸❽軟性憲法

軟性憲法（flexible constitution）とは、通常の法律と同じ手続によって改正が可能な憲法をいう。これに対し、通常の法律よりも厳しい改正手続を設ける憲法を硬性憲法（rigid constitution）という。

本概念は、イギリスの法律家ブライ

ス（James Bryce）によって提唱されたものであるが，ブライスはその分類対象を憲法典に限定せずに，実質的意味の憲法とした。したがって，ある国家が軟性憲法国か硬性憲法国かを区別するためには，当該国家において硬性の憲法典が存在するか否かが現実的な指標となる。

軟性憲法は，時代環境の変化に柔軟に対応できるという長所を備えている一方で，形式的には憲法の基本原理についての保障すら存在しないことが短所となる。このような理由から，圧倒的多数の現代憲法は成文かつ硬性であり，日本国憲法もその例に漏れない（憲96）。

なお，軟性憲法国にはイギリス，イスラエル，ニュージーランドなどが挙げられるが，これらの国家はいずれも単一の憲法典をもたない。〈鈴木　敦〉

❸⑨前文（ぜんぶん）　前文とは，法令の第1条以下の本文の前に置かれる文章のことである。法令の趣旨・目的や基本原理などを宣言するために，基本的な事項を定めた法令に置かれる例がある（教育基本法など）。憲法典の第1条以下の本文の前に置かれる文章のことを憲法前文といい，日本国憲法の場合，「日本国憲法」という表題に続く4段落から成る文章が憲法前文にあたる。憲法前文では，憲法制定の趣旨・目的や憲法の基本原理が表明されており，とくに1項では，国民主権，基本的人権の尊重，平和主義という日本国憲法の三大原理とそれらの相互関係が示されている。憲法前文は，上諭とは異なり，「日本国憲法」という憲法典の一部を構成し，憲法本文と同じ法的性質を有する。したがって，すべての公権力を拘束し，その改正のためには憲法96条の定める憲法改正手続を経る必要がある。もっとも，憲法前文が裁判規範性を有するか否かについては，否定説と肯定説の対立がある。

〈福嶋敏明〉

❹⓪主権（しゅけん）　主権という概念は，特に16世紀のフランスにおける絶対王政の形成過程で君主の権力の最高独立性を示すものとして主張されたものであるが，その後の君主制の立憲主義化などに伴って概念の分化が生じ，多義的なものになったとされる。現在では，一般に，①国家権力そのもの（統治権），②国家権力の最高独立性，③国政についての最高決定権という3つの意味で用いられる。①は，立法権・行政権・司法権などの国家権力を総称するもので，ポツダム宣言8項の「日本国ノ主権」はこの意味である。②は，国家権力が対外的には独立であり，対内的には最高であることを意味し，その用例として憲法前文3項の「自国の主権を維持し」がある。③は，国の統治のあり方を最終的に決定する力または権威を意味し，憲法前文1項の「ここに主権が国民に存する」や憲法1条の「主権の存する日本国民」における用法がこれに該当し，したがっ

て国民主権という場合の主権はこの意味である。　　　　　〈福嶋敏明〉

㊶ナシオン　ナシオン（nation）とは、フランスの主権論の1つであるナシオン主権が想定する主権の主体のことであり、観念的・抽象的な国籍保持者の総体としての国民を意味する。ナシオン主権は、フランス革命期において、君主主権とプープル主権を排除する形で登場したものであり、1791年憲法がナシオン主権を採用したものとして知られる。ナシオンは、政治的意思決定能力を持たない子どもや過去・将来の世代をも含みうる観念的・抽象的な存在であるため、みずから政治的意思決定を行うことができない。そのため、ナシオン主権においては、みずから主権を行使できないナシオンに代わって主権を行使する代表者の存在が必要となり、代表民主制が不可欠となる。また、代表者に先立って存在するナシオンの意思が存在しないため、代表者が選挙民の意思に拘束されない自由委任制度と結びつくことになり、代表者の選出については制限選挙制度が許容されることになる。
　　　　　〈福嶋敏明〉

㊷プープル　プープル（peuple）とは、フランスの主権論の1つであるプープル主権が想定する主権の主体のことであり、政治的意思決定能力をもった具体的な市民の総体としての人民を意味する。プープル主権は、フランス革命期において、ナシオン主権に対抗する形で登場したものであり、1793年憲法がプープル主権を採用したものとして知られる。プープルは、観念的・抽象的なナシオンとは異なり、政治的意思決定能力をもった具体的な存在であるため、みずから政治的意思決定を行うことができる。そのため、プープル主権においては、プープル自身による直接的な主権行使が求められることになり、直接民主制が要請されることになる。代表制が採用される場合であっても、代表者が選挙民の意思に拘束される命令委任制度と結びつくことになり、代表者の選出については普通選挙制度が採用されることになる。　　　　〈福嶋敏明〉

㊸日本国民の総意（にほんこくみんのそうい）　日本国民の総意とは、主権者である国民の意思のことであり、日本国憲法のもとでの天皇の地位の根拠を指す言葉である。明治憲法においては、天皇は主権者という地位にあり、その地位の根拠は天照大神の神勅に基づくものとされていた。しかし、国民主権を基本原理とする日本国憲法のもとでは、憲法上のすべての制度は、主権者である国民の意思に基づかなければならない。そこで、日本国憲法は、1条において、天皇の地位を「日本国」および「日本国民統合の象徴」にとどめるとともに、その地位の根拠を「日本国民の総意」に基づくものとしたのである。これによって、天皇の地位の根拠は一変し、明治憲法のもとで

の天皇の地位は根底から否定されたことになる。また，天皇の地位が国民の意思に基づくものである以上，国民の意思によって天皇の地位を変えることができることとなり，憲法改正手続によって天皇制自体を廃止することも可能と解されている。　〈福嶋敏明〉

❹❹天皇（てんのう）　天皇とは，日本国及び日本国民統合の象徴としての機能を有する日本国憲法上の国家機関，または，その地位にある個人の呼称である。天皇の地位は，主権者である国民の総意に基づくが（憲1），その継承は世襲による（憲2）。これらの規定の意味については，日本国憲法が歴史的伝統の存在である「天皇」の地位を確認したものか，新たな「天皇」という地位を創設したものかで争いがある。

統治権の総攬者（そうらん）とされていた明治憲法とは対照的に，天皇には，憲法に列挙された国事行為を内閣の助言と承認の下に行う権能のみが与えられており（憲6・7），国政に関する権能を有しない（憲4）。国事行為の責任はすべて内閣が負うので（憲3），政治的責任を問われることはない。

また，天皇には，象徴としての地位の性質から民事・刑事の裁判権が及ばない。一方で，その地位の特殊性に応じ，表現の自由や婚姻の自由などの人権に対する大幅な制約を受ける。
〈岡田順太〉

❹❺統治権（とうちけん）　統治権とは，国家の三要素の一つであり，領土・国民に対して及ぼすことのできる支配力の総称をいう。主権や国権と称されることもある。

明治憲法は，立法権や司法権など全統治権が天皇に属するとしていたが（天皇主権），その根拠を天孫降臨の際の神勅に求めていた（神勅主権主義）。ここに，天皇絶対主義的な国学に由来する「国体」概念が，主権の所在を示す概念として憲法学に導入され，神勅主権主義を理論的に支えた。

これに対し，美濃部達吉は天皇主権の意味を立憲主義的に解釈し，統治権は国家という法人にあり，天皇はその最高機関として他の機関の参与を受けながら統治権を行使すると説き，立憲君主制下での議会の役割を高めることに寄与し，議院内閣制の慣行に理論的基礎を提供した。しかし，後のファシズムの台頭によりこの説は国体に反するものとして攻撃され，美濃部も政府により著書が発禁処分になるなどの弾圧を受けた（天皇機関説事件）。
〈岡田順太〉

❹❻国事行為（こくじこうい）　国事行為とは，天皇が象徴の地位に基づき国家機関として行う公的行為であって，憲法が限定列挙するものをいう。日本国憲法は「国事に関する行為」として，内閣総理大臣及び最高裁判所長官の任命（憲6）及び7条所定の行為を規定する。また，全ての国事行為には，内

閣の助言と承認を必要とし，内閣がその責任を負う（憲3）。

　国事行為は，象徴たる天皇の権威を与えるにふさわしい重要な国家行為であると同時に，きわめて形式的・儀礼的・公証的なものである。各国事行為についての実質的決定権限は国会や内閣などに属するが，解散権（憲7三）のように実質的決定権者が憲法上必ずしも明確でないものもある。

　天皇は，法律（「国事行為の臨時代行に関する法律」）の定めるところにより，国事行為を一時的に委任することができる（憲4②）。摂政が置かれる場合（皇室典範16条），摂政は，天皇の名で国事行為を行う（憲5）。

〈岡田順太〉

❹⑦儀式的行為／儀礼的行為
　国事行為としての儀式（憲7一〇）とは，象徴としての天皇が主宰する国家的行事・儀式をいう（大喪(たいそう)の礼や即位の礼など）。天皇以外の者が主宰する行事に天皇が出席する場合は，「儀式の挙行」に該当しない（国会の開会式への出席など）。また，皇室行事には宗教的儀式もあるが（大嘗祭(だいじょうさい)など），これらもここでいう「儀式」に該当しない。なお，宗教的儀式としての皇室行事を私人としての天皇が行っても，政教分離原則（憲20・89）に反しないとされる。

　また，天皇が，公的立場から国事行為以外の儀礼的行為を行うことがある（「おことば」，諸外国の元首との御親書の交換，外国訪問など）。これらは，実質的に非政治的行為であるが，憲法上の根拠はなく，外形上は政治的行為であるので，象徴としての非政治性を侵害するおそれがある。したがって，これらの行為も国事行為に準じ，内閣の助言と承認を要し，内閣が責任を負うべきであるとされる。

〈岡田順太〉

❹⑧貴族制度(きぞくせいど)
　貴族制度とは，一般国民から区別された特権を伴う世襲の身分制度をいう。日本国憲法は，「華族その他の貴族の制度は，これを認めない」（憲14②）と規定し，華族など旧来の貴族制度を廃止するとともに，将来，同様の制度を創設することも禁止している。

　華族は，「皇室の藩屏(はんぺい)」として明治憲法下で認められた特権身分で，爵位を持つ者及びその家族の総称である。貴族院議員の有力な選出母体として，民権的勢力に対抗することが期待された。元皇族や公家，諸侯などの由緒ある家柄にある者や国家に特別の功績があった者には爵位が与えられ，貴族院議員の被選挙権や恩賜金などの政治的・経済的な世襲の特権が認められた。その一方，婚姻や養子縁組に宮内省の許可を要するなど，厳しい監督に服した。

　皇室も貴族制度にあたるが，天皇制に不可分の要素として，日本国憲法下でも例外的に存置されている。なお，昭和22年に，戦前からの皇族の一部が

皇籍から離脱している。　〈岡田順太〉

❹⁹皇位（こうい）　皇位とは，天皇の地位をいう。日本国憲法は，皇位を世襲のものと規定するのみで（憲2），その詳細は国会の議決した皇室典範に委ねている。戦前の皇室典範は，国務上の大権とは別の皇室大権に基づく宮務法として，政務法と区別され，帝国議会の関与は許されなかったが（明治憲法74条1項），現行の皇室典範は，国会の制定する法律と同じ扱いである。皇室典範は，皇統に属する男系の男子が皇位を継承するものとし（1条），長系の長子を優先した継承順位を定めている（2条）。皇位は，天皇が崩じたときに皇嗣（こうし）が直ちに継承（即位）するものとされており（4条），天皇が生存中に退位することは認められていない。皇位の継承があったときは，即位の礼が行われ（24条），皇位とともに伝わるべき由緒ある物（三種の神器など）は，皇嗣がこれを受けることとなっている（皇室経済法7条）。元号は，皇位の継承があった場合に限り改められる（元号法2項）。　〈岡田順太〉

❺⁰皇室（こうしつ）　皇室とは，天皇及び皇族の総称である。皇族は，天皇に近い身分関係にある者で，皇室典範では，皇后・太皇太后・皇太后・親王・親王妃・内親王・王・王妃・女王を指す（5条）。皇室の身分に関する事項は，皇統譜に登録される（26条）。皇室の養子は禁止されており（9条），皇族以外の者は，女子が皇室の男子と婚姻する場合を除き，皇族になることがない（15条）。また，皇族女子は，皇室外の者と婚姻した場合，皇族の身分を離れる（12条）。

明治憲法下では，皇室自律主義のもと，皇室に関する事項は天皇の専権とされ（皇室大権），国務大臣や議会の関与は許されなかった。これに対し，日本国憲法では，皇室事項であっても憲法の定めに従い，国会・内閣の関与しうるものとなった。とくに，皇室財産については純然たる私財を除きすべて国に属し，皇室費用は国会の議決を要する（憲88）。また，皇室の財産授受も国会の議決が必要である（憲8）。
〈岡田順太〉

❺¹象徴（しょうちょう）　象徴とは，「平和」に対する「鳩」のように，抽象的・不可視的・無形的な事柄を具象化する媒介物を指す。憲法が天皇を象徴と規定する意義は，象徴以外の役割が存しないことを強調する点にあり，憲法の規定しない何らかの役割や機能を導出するものではない。そこでの天皇は日本国民の「統合を象徴する」のであって，「統合機能を果たす象徴」ではない。ただ，実際には，国事行為以外の公的行為が象徴たる天皇の行為として行われており，象徴の規範性を天皇の歴史と切り離し，制度上の論理のみで論ずることの困難性を指摘する見解もある。

天皇が君主か元首かをめぐる論争も同様の問題をはらむ。君主・元首の語

は，実質的な権限を含むものとして用いられる場合もあり，言葉が独り歩きして，天皇に象徴以上の役割や機能を認めてしまうおそれがある。「象徴」の語の抽象性に惑わされないよう，天皇の憲法上の役割を実質的に明確化する必要がある。 〈岡田順太〉

❷栄典（えいてん）

栄典とは，国家や社会に対する特別の功労や栄誉に対し，国家が公的に表彰・慰労するための特別の待遇をいう。明治憲法では，爵・位・勲章その他の栄典の授与は，天皇大権の一つとされていた（15条）。

日本国憲法では，内閣の助言と承認により，天皇が国事行為として栄典を授与するものとされており（憲7七），栄典にはいかなる特権も伴わず，また，それを受ける者の一代に限り効力を有するとされている（憲14③）。現在，栄典の授与としては，叙勲と褒章の授与，故人に対する叙位などがあり，内閣が実質的決定を行っている。ただ，その法律上の根拠はなく，もっぱら政令や旧来の慣習に従って行われているため，天皇の政治利用を防ごうとする憲法の趣旨に反するとして，これを批判する立場も根強い。

なお，天皇以外の国家機関が栄典を授与することも当然可能である（例えば，内閣総理大臣による国民栄誉賞，市による名誉市民称号など）。

〈岡田順太〉

❸恩赦（おんしゃ）

恩赦とは，国家の公訴権及び刑罰権の全部又は一部を消滅させる国家行為の総称である。刑事裁判の効力に変更を及ぼすもので，本来，司法権に属する権限であるが，権力分立の例外として司法機関以外の国家機関が行う。恩赦は伝統的に，君主が国家的慶弔の際や政治的配慮から，臣下への恩寵や威信を示すものとして行ってきたものであるが，今日の民主化された諸国家においても元首や執政機関の長などの権限として残存している。もっとも，恩赦は司法権の独立や法の安定性などを阻害する側面があり，濫用的・超法規的に用いられてはならない。

明治憲法では，恩赦が天皇大権の一つとされていたが（16条），日本国憲法では，天皇の関与を国事行為としての形式的な認証行為に限定し（憲7六），決定権を内閣に与えている（憲73七）。憲法上の恩赦には，大赦・特赦・減刑・刑の執行の免除及び復権があり，その詳細については恩赦法の定めるところによる。 〈岡田順太〉

❹平和主義（へいわしゅぎ）

すべての戦争および武力行使を否定する主義をさす。平和主義の思想は古くから存在していたが，とくに20世紀に入って1928年の不戦条約，1945年の国連憲章など国際法上戦争違法化の動きが見られるようになった。また20世紀以後の各国の憲法にも戦争を否認・放棄する規定を置くものが見られる。ただ，そこでいう戦争とは侵略戦争のみであり，自衛戦争は国家に留保されていたため，

自衛の名の下に多くの戦争や武力行使がなされた。これに対して，日本国憲法は，9条1項で侵略戦争を含むすべての戦争と武力行使を放棄し，2項で戦力の不保持と交戦権の否認を明文で規定している点で，画期的な特色を有する。平和は，人間にふさわしい生活を営むための基本的前提といえ，憲法前文はそのことを全世界の国民が「平和のうちに生存する権利」を有するとしているが，ここでいう平和的生存権が法的規範に止まらず，侵害された場合に救済を受けることのできる裁判規範か否かについては，肯定・否定の両説が存在する。　　　　〈大沢秀介〉

❺自衛権（じえいけん）　外国からの違法な侵害を受けた場合に，それに反撃し自国を防衛するために武力を行使しうる権利。国内法の正当防衛を比較されることがある。自衛権の行使は，それが緊急やむを得ない場合で，侵害の程度と自衛権による武力行使が均衡を失わない場合には，違法性を阻却され，損害賠償などの責任は生じない。自衛権は，戦争違法化が国際法上見られるようになったのに伴って，実定法上の権利として考えられるようになっていった。国際連合憲章51条は，いま述べた自衛権を個別的自衛権として，その発動の要件を「武力攻撃が発生した場合」と定めている。もっとも武力攻撃のおそれを理由とした自衛権の発動も認められるとする説もある。日本国憲法に関しては，憲法の徹底した平和主義を根拠に自衛権をも放棄しているとの説も見られるが，留保説が多数である。ただ，自衛権の内容については，その行使の手段として武力行使を放棄しているとする「武力なき自衛権」説もあるものの，政府の見解は9条2項の禁ずる戦力に至らない程度の実力の保持を認めている。〈大沢秀介〉

❻集団的自衛権（しゅうだんじえいけん）　武力攻撃を受けたある国と密接な関係（同盟関係など）を有する国が，その武力攻撃を自国の平和と安全に対する攻撃とみて，反撃する権利。国連憲章51条により，安全保障理事会が必要な措置をとるまでの間，個別的自衛権とともに行使しうるものとされた。個別的自衛権は国際慣習法上の権利とされてきたのに対し，集団的自衛権は国連憲章によって「固有の権利」として創設されたものである。個別的自衛権または集団的自衛権の行使としてとられた措置は安保理に報告しなければならないとされている。日本国憲法9条の下で，日本が集団的自衛権を保有するかについて，政府見解は，国際法の下でわが国は集団的自衛権を保有するものの，憲法9条の下で許容される自衛権の行使は，わが国を防衛するため必要最小限度の範囲にとどまるべきであり，集団的自衛権の行使はその範囲を超え，違憲とする立場をとっている。これに対し，最近，日米同盟の強化等を理由に憲法9条の下で集団的自衛権の行使を可能にするような政府解

釈がとられるべきだとする議論や憲法を改正して集団的自衛権を明文で保障するべきだとする議論が見られる。

〈大沢秀介〉

❺⓻徴兵制（ちょうへいせい） 一般国民に対して、その意思にかかわることなく兵役に服する義務を強制的に負わせる国民皆兵制度をさす。軍隊を常設し、その兵員を毎年徴集し、一定期間訓練して新旧交代させるようにし、戦時編制の要員を備えようとするもので、志願兵制と対比される。徴兵制は、志願兵制と異なり、軍隊の編成の観点から見ると、徴集・訓練などの点で効率的に行われ、財政上の国の負担が少ないことが長所とされる。他方志願兵制と比べて、技術の習熟に劣ると指摘される。日本では明治5年に徴兵制がとられ、明治憲法下では軍務に服する兵役は、納税、教育とならび、臣民の義務とされた（20条）。これに対し、日本国憲法の下では、憲法9条により戦争を放棄し戦力を保持しないとされたため、本来的に徴兵制は認められないとする見解もあるが、政府見解は、徴兵制は憲法13条、18条により禁止されるとする。なお、市民的及び政治的権利に関する国際規約8条は、「軍事的性質の役務」は強制労働に含まれないと規定している。

〈大沢秀介〉

❺⓼日米安全保障条約（にちべいあんぜんほしょうじょうやく） 正式名称は「日本国とアメリカ合衆国との間の相互協力及び安全保障条約」である。1960年1月に署名され、同年6月に批准・発効された。この条約は、対日平和条約（1951年）と同日に署名した「日本国とアメリカ合衆国との間の安全保障条約（いわゆる旧安保条約）」が米軍の日本駐留を認めながら、米国の日本防衛義務を定めていないという片務性を有していたため、それを解消するねらいがあった。新安保条約とも呼ばれる。本文10ヶ条の他、在日米軍の地位や特権免除について、日米地位協定が結ばれている。本条約では、「極東における国際の平和及び安全の維持」を両国の共通の関心とした上で、旧安保条約の片務性を解消して、日本の施政下にある領域における日米いずれか一方に対する武力攻撃に限って共同防衛行動をとるとされた（5条）。最近、日本周辺地域及びアジア太平洋地域における平和と安定維持のための日米防衛協力が重視され、1997年に日米防衛強力の指針が改訂され、日本周辺地域での日本の平和と安全に影響を与える場合に自衛隊の後方支援活動が合意され、それを実施するために周辺事態法が制定された。

〈大沢秀介〉

❺⓽平和維持活動（へいわいじかつどう） 国連が紛争地域における事態の平和的収拾及び再発防止のために行う活動をさす。「平和維持活動」は、国連憲章上の用語ではなく、これまで実践活動を通じて形成、発展してきたものである。伝統的には、安全保障理事会の決議に基づき、停戦成立後に紛争当事

者の間に立って，紛争の平和的解決を目指す支援活動であった。しかし，冷戦の終結により国連の役割が重視されるようになるとともに，平和維持活動の範囲も拡大し，国連が関係当事者の合意の下に，停戦と兵力の引離しに加えて，選挙，文民警察，難民帰還支援などを行うことも含まれるようになった。このような平和維持活動の主体は，国連憲章第7章で予想されている国連軍とは異なる停戦監視団や平和維持軍であり，武力紛争を平和的に収拾するための中立的な役割を果たすことを特徴とする。日本では，1991年の湾岸戦争を契機に，国際協調主義の観点から平和維持活動に自衛隊の参加を認める「国際平和協力法」（PKO協力法）が制定された。PKO協力法は，自衛隊の海外派遣を認め，さらに任務遂行のための武力行使を定めているが，憲法9条に抵触するとの批判もある。

〈大沢秀介〉

❻⓪ 有事法制（ゆうじほうせい）

戦争や内乱など国家的事変などの非常事態が生じたときに，それに即応しうるための法制度。明治憲法下では非常事態に備えて戒厳や非常大権などが定められていたが，日本国憲法の定める参議院の緊急集会は非常事態に備えてのものではない。日本では憲法9条との関係で有事法制の研究が問題とされた事件（三矢事件）などが見られたため，長く立法化はなされてこなかった。日本での有事法制の本格的整備は，日米安全保障条約を実施するための「日米防衛協力のための新指針」により「周辺事態」の概念が導入されることにより始まった。周辺事態法は，「わが国周辺の地域における我が国の平和及び安全に重要な影響を与える」周辺事態に適切・迅速に対処することを目的とする立法である。さらに2001年9月11日のアメリカ同時多発テロ事件を受けて，憲法9条に反するとの声の中，武力攻撃事態法，自衛隊改正法，安全保障会議設置改正法の有事関連3法が成立した。その後，国民保護法などの関連法や関連条約が制定され，有事法制は一応の完成を見た。

〈大沢秀介〉

❻① テロ対策法制（たいさくほうせい）

テロの事態が発生したときにそれに対処する法制度。非常事態に対する有事法制とは異なり，国内の治安維持と関連する。アメリカで発生した2001年9月11日の同時多発テロ事件は，それまでの暗殺や国家テロとは異なり，アルカイダらの複数国にまたがる国際テロリズムによる犯行という特色を有し，これに対して国連安全保障理事会決議やG8サミット声明などが明らかにされ，各国におけるテロ対策法制の整備が緊急の課題と認識されるようになった。諸外国ではアメリカの愛国者法を代表にテロ対策法制が整備されたが，テロ対策法制に共通する内容としては，外国人テロリストに備えた出入国管理，テロ組織による資金洗浄の規制，国内のテロリスト組織に対する団

体規制，テロリストの通信傍受，捜査権限の拡大などが見られる。このようなテロ対策法制は，出入国の自由，プライバシーの権利，表現の自由，適正手続の保証，令状主義などの点で憲法との抵触の可能性も指摘されている。わが国でも，テロ対策に対する立法が徐々になされている。　〈大沢秀介〉

❷基本的人権

基本的人権とは，人間が生まれながらにして当然に有する基本的な権利をいう。人権とほぼ同義で用いられ，また，特に実定憲法が保障する諸権利を指す場合には基本権と呼ばれることがある。近代初期の人権宣言では社会契約論及び自然権思想の影響から，基本的人権は自由権や財産権など国家以前に存在する自然権として理解されていたが（国家からの自由），現在では，自由権を実効的に保障するための参政権（国家への自由）及び人間の生存を確保するための社会権（国家による自由）といった国家の存在を前提とする諸権利もまた，基本的人権に含めて捉えられている。日本国憲法は基本的人権の尊重を宣言しており（憲11），これに反する立法その他の国家行為はすべて無効になる（憲98①）。憲法は基本的人権を「侵すことのできない永久の権利」（憲11・97）とするが，その保障は絶対的なものではなく，公共の福祉による制約を受ける（憲12・13・22）。

〈井上武史〉

❸個人の尊厳

個人の尊厳とは，個人の人格に最高の価値が認められるとする考えをいう。個人の尊厳は，概念上，個人が全体の犠牲にされることを禁じる「個人の尊重」（個人主義）や個人が非人間的に取扱われることを禁じる「人間の尊厳」とは本来区別されるが，これらと同義として用いられることも多い。日本国憲法において個人の尊厳は，婚姻・家族に関する立法原則として表れているが（憲24②），一般には憲法13条前段の「すべて国民は，個人として尊重される」の内容に含まれると解されている。また，個人の尊厳は，民法の解釈基準（民2）でもあるため，私法秩序を支配する原理としての意味も持っている。なお，クローン技術規制法では，人クローン胚などの移植が「人の尊厳の保持」（1条）に重大な影響を与える可能性があるとして禁止された。

〈井上武史〉

❹権利の性格

憲法が定める各々の基本的人権の性格は，さまざまである。それらは，国民が国家に対して持つ地位及び関係に応じて，伝統的に三つに分類されてきた。第一は，国家の不作為を要求することを内実とする自由権であり，精神的自由権，経済的自由権及び人身の自由などがこれに含まれる。第二は，国家に対して積極的作為を要求することを内実とする国務請求権であり，国家補償請求権（国家賠償請求権，刑事補償請求権），裁判請求権（裁判を受ける権利）及び社会国家的請求権（生存権，教育を受ける権利）などがこれにあたる。第三は，国家の意思形成に参画することを内実とする参政権であり，選挙権・被選挙権及び公務就任権などがここに位置づけられる。こうした類型論の目的は，各々の基本的人権の特性を明確にし，その確実な保障を企図することに

ある。もっとも，基本的人権の種別は，固定的に捉えられるべきではなく，相対的なものであると解されている。
〈井上武史〉

❻❺私人間効力（しじんかんこうりょく）

私人間効力とは，憲法の人権規定が私人間の関係にも及ぶとする考えをいう。憲法は，伝統的に国家（公権力）と個人（私人）との関係を規律する規範であるとされ，私的自治の原則が妥当する私人間の関係には及ばないと考えられてきた（無効力説）。しかし，大企業等の社会的権力の台頭につれて，個人の人権は国家に対してだけではなく，私人たる企業に対しても保障されるべきだとの認識が生じた。学説では，一定の人権規定（自由権・平等権など）の効力は私人間にも直接及ぶとする直接効力説も主張されたが，人権規定は私法の一般条項の解釈を通じて間接的に及ぶに過ぎないとする間接効力説が判例・通説の立場である（三菱樹脂事件）。また，最近ではドイツ憲法学の影響から，国家は国民の生命・健康その他の基本権法益を私人による侵害から保護すべき憲法上の義務を負うとする保護義務論が，有力に唱えられている。
〈井上武史〉

❻❻人権享有主体（じんけんきょうゆうしゅたい）

人権享有主体とは，人権を持つことができる資格をいう。特に憲法上の権利保障を論じる場合は，基本権享有主体とも呼ばれる。人間が生まれながらに当然に持っているとされる人権は，本来，すべての自然人に対して認められる普遍的な権利である。しかし，憲法による権利保障は，伝統的に自然人としての国民が何より念頭に置かれてきた。日本国憲法においても第3章「国民の権利及び義務」という表題が示すとおり，日本国民は，当然に基本的人権の享有主体であるとされる。もっとも，今日では判例上，日本国籍を有しない外国人，さらに自然人ではない法人についても，一定の範囲で人権の享有主体となることが認められている。また，国民の中でも，未成年者及び天皇・皇族については，その判断能力や地位との関係で，一般の国民とは異なり特別の制約に服するものとされている。
〈井上武史〉

❻❼公務員の人権（こうむいんのじんけん）

公務員も日本国民である以上，当然に人権の享有主体である。しかし，公権力と特殊な関係にある公務員には，一般国民とは異なる特別な人権制限が許されている。例えば，表現の自由との関係では政治活動の自由が制約されており（国公102，地公36），また，労働基本権との関係では一切の争議行為が禁止されている（国公98，地公37）。こうした制限について，最高裁は行政の中立性やそれに対する国民の信頼（猿払事件）及び公務員の地位の特殊性と職務の公共性（全農林警職法事件）といった法益を根拠にその合憲性を認めている。もっとも，その後最高裁は，管理職でない国家公務員が休日

に政党機関誌を配布する行為には、行政の中立的運営を損なうおそれが実質的に認められないと判断している（堀越事件）。学説では、憲法が公務員関係の存在を認めていることを前提として、その存立と自律性を確保するために合理的かつ必要最小限度の範囲内での人権制限は許されるとする見解が有力である。　　　　　　〈井上武史〉

❻❽全体の奉仕者

全体の奉仕者とは、日本国憲法下における公務員の本質及び地位を表わす概念である。日本国憲法15条2項は、「すべて公務員は、全体の奉仕者であつて、一部の奉仕者ではない」と規定している。これは、公務員が国民全体の奉仕者であって、一部の政党や階層の利益のために行動してはならないことを意味する。実際、公務員が全体の奉仕者であることは、服務の根本基準となっており（国公96）新たに国家公務員になった者には、国民全体の奉仕者であることを自覚させるために服務の宣誓が義務づけられている（国公97、職員の服務の宣誓に関する政令）。また、一般職の地方公務員についても、同様である（地公30、31）。なお、公務員に国民全体の奉仕者たるにふさわしくない非行があった場合は、懲戒処分が課される（国公82①三、地公29①三）。　　　　〈井上武史〉

❻❾外国人の人権

外国人の人権とは、日本国籍を有しない外国人が享有できる人権である。日本国憲法は日本国民を人権の第一義的な享有主体としているが、人権の前国家的権利性及び憲法が立脚する国際協調主義（前文）から、一般に外国人にも基本的人権の保障が及ぶと解されている。しかし、保障される人権の範囲は、日本国民の場合と同じではない。権利の性質上日本国民のみを対象としているものは、外国人には保障されないというのが判例の立場である（マクリーン事件）。このような権利には、選挙権・被選挙権、公務就任権、社会権、入国の自由がある。また、経済的自由との関係では職業選択の自由が制限されるほか（例：公証12、電波5）、私権の享有につき法令による制約を受ける（民3②、外国人土地法）。これらの場合、法律において権利の行使及び受給資格などを「日本国民」（公選9・10、憲法改正手続3）及び「国民」（生保2）に限るとする国籍条項が置かれる。　　　　　　〈井上武史〉

❼⓪入国の自由

入国の自由とは、日本国内に入る自由のことをいう。日本国民には、外国が入国を認めることを前提に海外旅行の自由及び外国移住の自由が認められているが（憲22②）、これには、帰国したいときに帰国できるという意味での入国の自由が当然に含まれる。これに対して外国人の入国については、国際慣習法上、国家が自由に規制できるものとされる。わが国では、出入国管理及び難民認定法が外国人の入国及び

在留などに関する手続を定めている。判例・通説は，外国人には入国の自由は保障されないとの立場をとっている。また，滞在は入国の継続の意味を持つため，在留権も認められていない（マクリーン事件）。さらに，最高裁は，憲法上外国人には海外旅行の自由が保障されないことを理由に，再入国の自由を認めていない（森川キャサリーン事件）。
〈井上武史〉

❼法人の人権

法人の人権とは，自然人以外で法律上の権利義務の主体となることを認められている法人が享有できる人権である。人権は人間の権利であることから，本来自然人に対してのみ認められると考えられてきた。しかし，経済社会の発展に伴い法人その他の団体活動の重要性が増大したため，法人もまた人権享有主体であると解されるようになった。日本国憲法は法人の人権享有主体性について触れていないが，判例は，人権規定が「性質上可能なかぎり」法人にも適用されることを認めている（八幡製鉄政治献金事件）。しかし，人権が元来個人の権利として発展してきたことから，法人に認められる人権の範囲や程度は，個人のそれとは同じでないと理解されている。例えば，法人には選挙権，生存権，人身の自由などの自然人を前提とする権利は認められない。現在では「法人」に限らないという意味で，団体の人権と呼ばれることもある。
〈井上武史〉

❼未成年者の人権

未成年者の人権とは，成年に達しない未成年者が享有できる人権である。未成年者も国民である以上，当然に人権の享有主体であるが，判断能力が未熟であるために，本人及び社会の保護の観点から未成年者の人権が制約される場合がある。日本国憲法は，公務員の選挙につき成年者による普通選挙を要請している（憲15③）。現行法では，私法上の民事成年制度によって，未成年者の経済的自由が制約されるほか（民4〜6），婚姻の自由との関係では婚姻適齢が定められ（民731），そのうえ未成年者の婚姻には父母の同意が必要とされている（民737）。また，心身の健全な発達を図る観点から，未成年者の飲酒・喫煙は禁止されている（未成年者飲酒禁止法，未成年者喫煙禁止法）。未成年者の範囲は憲法で明記されておらず，各々の法律において具体的な年齢要件が定められている。なお，憲法改正手続法は，満18年以上の日本国民に投票権を認めている（憲法改正手続3条）。
〈井上武史〉

❼在監者の人権

受刑者や未決拘禁者など，刑事収容施設（監獄）に強制的に収容されている「在監者」に対しては，一般国民には認められない人権制限が正当化されることがある。在監者の人権制限の正当化根拠について，かつて「特別権力関係論」があげられることがあっ

たが，憲法18条・31条などが在監関係の存在とその自律性を憲法的秩序の構成要素として認めていることに由来するという説が今日では有力である。在監者の人権制限は拘禁や戒護などの在監目的を達成するための必要最小限度のものに限られ，特に，有罪判決が出るまで無罪の推定を受ける未決拘禁者の人権は，できる限り保障されなければならない。在監者の人権として問題となった「喫煙権」や新聞・図書の閲読の自由などに関しては，「刑事収容施設及び被収容者等の処遇に関する法律」の制定により改善が図られたが，近時は，禁錮以上の受刑者に一律に選挙権を認めない公職選挙法の合憲性が裁判で争われている。　〈佐々木くみ〉

❼❹特別権力関係(とくべつけんりょくかんけい)

特別権力関係とは，19世紀ドイツ国法学の理論である「特別権力関係論」において，一般権力関係から区別された，特定の者が特別の法律上の原因によっておかれる法律関係のことをいう。公務員関係や刑事収容施設被収用（在監）関係，国公立学校の在学関係等が特別権力関係とされる。特別権力関係論は，そもそもは「法治主義」との関係で論じられるべき論点であるが，憲法学では特に，「特別権力関係」を根拠として，当該関係における一般権力関係では認められないような人権制限を正当化することや司法審査の対象から外すことの可否が問題となる。今日では，「法の支配」の確立した日本国憲法の下では特別権力関係論は妥当しえないという立場が通説であり，最高裁もこの理論を用いていない。特別権力関係として一括りにされてきた種々の法律関係については，それを規律するそれぞれの実定法規と関連させて個別具体的に考察すべきであると一般には考えられている。　〈佐々木くみ〉

❼❺公共の福祉(こうきょうのふくし)

公共の福祉とは，「侵すことのできない永久の権利（憲12・97）」として基本的人権を保障する日本国憲法が，12条・13条・22条1項・29条2項で「人権の制約根拠」として規定するものである。公共の福祉が人権の一般的な制約根拠となるか否かにつき学説には争いがある。初期の学説は「外在的制約」説に立ち，これを肯定していた。その後の「内在・外在二元的制約説」では，22条・29条の「公共の福祉」だけが経済的自由に対する社会国家的な外在的制約根拠として肯定され，12条・13条の「公共の福祉」は倫理的ないし訓示的規定と解され，人権の制約根拠とはされなかったが，これには，13条を根拠として「新しい人権」を導く立場からの批判がある。現在の通説は，「内在的制約」説にたった上で「公共の福祉」を「人権制約の正当化根拠」とみなすが，「人権制約の正当化理由」については，それぞれの人権の性質などに応じた個別具体的な考察が求められる。　〈佐々木くみ〉

❼⑥内在的制約

内在的制約とは、「自由とは、他人を害しないすべてのことをなし得ることにある」というフランス人権宣言4条に代表されるような、社会的関連性をもつ人権それ自身の性質に内在する制約のことをいう。これに対し、抽象的な「公益」や「公共の安寧秩序」などの要請があれば人権を制約できるとする「外在的制約」説が、かつての判例・通説であった。今日では、人権に内在する「人権相互のあいだの矛盾・衝突を調整する原理としての実質的公平の原理」である「公共の福祉」だけを人権の制約根拠とする「内在的制約」説が通説である。人権の内在的制約には、自由権を公平に保障するために課される「自由国家的公共の福祉」に基づく制約と、社会権を実質的に保障するために課される「社会国家的公共の福祉」に基づく制約があるとされるが、近時は、人権の制約は内在的制約にはとどまらないという批判がなされている。　　　　　　〈佐々木くみ〉

❼⑦二重の基準

「二重の基準」論とは、裁判所が人権を制限する規制の合憲性を判断する際の基準に関する議論であり、経済的自由を制限する規制の合憲性を審査する場合には、合憲性を推定し、「合理性の基準」のように規制の合憲性を緩やかに審査する基準を適用するのに対し、精神的自由を制限する規制の合憲性を審査する場合には、より厳格に審査する基準を適用することをいう。アメリカ連邦最高裁の判例で確立したとされる二重の基準論は、精神的自由を経済的自由よりも厚く保障するものとして日本の学説でも広く支持されており、判例も、この基本的な考え方は認めている。二重の基準論の根拠には、裁判所の能力の限界に関する根拠と民主的政治過程のとらえ方に関する根拠とがある。ただし、「二重の基準」といっても審査基準の厳格度の違いは程度問題であり、また2つの憲法的価値同士が対立する領域で二重の基準論を用いることは困難である。　〈佐々木くみ〉

❼⑧プライバシー権

プライバシー権とは、一般には、個人の私的な生活領域が干渉されない利益のことをいう。プライバシー権は、19世紀末にアメリカで提唱された「ひとりで放っておいてもらう権利」に端を発する。アメリカでは、プライバシー権はみだりに私生活を公開されない私法上の権利として定着し、日本の裁判所でもこの伝統的な意味でのプライバシー権が認められている。1960年代中頃から、高度情報化社会の到来に伴い個人情報の集中管理等が可能になると、必ずしも本人が秘匿している情報でなくとも保護する必要があることが意識されるようになり、「私生活を公開されない権利」として保障するだけでなく、政府等による個人情報の収集・保有・開示のすべての面でプライバシーを捉える「自己情報コン

トロール権」として，プライバシー権を再構成する説が有力になった。ほかに，プライバシー権を「社会的評価からの自由」や「自己イメージコントロール権」と捉える説もある。
〈佐々木くみ〉

❼❾自己情報コントロール権

自己情報コントロール権とは，自分についての情報を誰にどのように開示するかを自分で決める権利のことをいう。高度情報化社会の到来に伴い，プライバシー権は，政府等が集めた自分についての情報の提示・訂正・削除を求める，請求権的側面も備えた「自己情報コントロール権」として再構成されている。個人情報は個人の思想・信条・心身などの核心に関わる情報とそれ以外の周縁に関わる情報とに大別され，前者は後者よりも厚く保障されるという考え方もあるが，後者についてもそれが集積されたり悪用されるときには前者同様の保障が必要になるし，そもそも両者を区別することは困難であるという批判もある。なお，個人情報を保護するために，「行政機関の保有する個人情報の保護に関する法律」と民間事業者をも対象にした「個人情報の保護に関する法律」が2005年から施行されている。
〈佐々木くみ〉

❽⓿肖像権

肖像権とは，自分の容貌や姿態をみだりに撮影されない権利と，自分の容貌等を撮影ないし作成されたものを自己の意思に反し公開されない権利のことをいう。肖像権は，学説上は「プライバシー権」の一環として位置づけられている。最高裁も，犯罪捜査における写真撮影が問題となった事例で，「承諾なしに，みだりにその容ぼう・姿態を撮影されない自由」を，国家権力に対して保護されるべき「私生活上の自由」の1つとして憲法13条の趣旨を根拠に認めたことから，「肖像権」をその一環とする「プライバシー権」を実質的に肯定していると学説上は理解されている。なお，週刊誌によって無断で写真撮影が行われ，それが無断で掲載された場合などのように，私人間においても肖像権が問題になることがあるが，私法上の権利として肖像権を保障するにあたっては，「表現の自由」との利益調整が必要となる。
〈佐々木くみ〉

❽❶名誉権

名誉権とは，社会的評価である名誉の保障を求める権利のことをいう。最高裁は，「人格権としての名誉」の保護が憲法13条の要請であることを認めており，学説上も名誉権が「幸福追求権」を起源にもつ権利であることに争いはない。名誉権の侵害は，多くの場合，表現行為によって行われることから，名誉権と「表現の自由」との調整が必要となる。古くから法的保護の対象とされてきた「名誉」は，刑法や民法によっても保障されており（刑230，民710・723），表現行為による名誉侵害への対処法にも刑事的なものと民事的なものとがあ

る。それらのうち，事後的な損害賠償以外の，事前の民事的解決方法である「裁判所による事前差止」は，「検閲」等に関連して問題になりうる。また，民法721条の原状回復処分としての「謝罪広告」や「反論文掲載」といった解決方法についても，前者に関しては「思想の自由」，後者に関しては「アクセス権」がそれぞれ問題になる。

〈佐々木くみ〉

❽アクセス権

アクセス権とは，情報の受け手である一般国民が，情報の送り手であるマス・メディアに対して，自己の意見の発表の場を提供することを要求する権利のことをいう。マス・メディアの発達による不正確な情報の伝達や報道内容の画一化に対し，情報の受け手の地位を高めるために，アクセス権の国家による制度化が主張されるようになった。アクセス権の典型は，意見広告の掲載を求める権利や，マス・メディアで自己の名誉が侵害された場合に反論文の掲載や反論の機会の提供を請求する「反論権」である。アクセス権の根拠は憲法21条に求められるが，私企業であるマス・メディアへの請求権としてアクセス権を保障するには，特別の法律が必要になる。ただし，アクセス権を法的に執行可能な権利とすることは，国家による意見の取捨選択を伴うという指摘もある。なお，アクセス権は，政府が保有する情報の公開・提供を請求する権利を意味することもある。

〈佐々木くみ〉

❽環境権

環境権とは，高度経済成長期の環境悪化に伴い「新しい人権」として提唱された，良い環境を享受し支配する権利のことをいい，環境権の対象を，自然環境に限定する説と，文化的・社会的環境まで含むとする説とがある。環境権は，良い環境の享受を妨げられないという自由権的側面と公権力による環境保全を求めるという請求権的側面とを有し，13条の「幸福追求権」と25条の「生存権」のどちらかまたは双方が憲法上の根拠となる。判例は，環境の対象と権利主体の不明確性等を理由に環境権を差止めの根拠としては認めず，学説上も環境政策の指針となる抽象的な権利とみなされることが多い。ただし，環境破壊による健康被害や精神的苦痛に関して民法上の「人格権」侵害に基づく不法行為の成立が判例上認められており，これを「環境人格権」という具体的権利の生成とみなす学説もある。

〈佐々木くみ〉

❽嫌煙権

嫌煙権とは，公共の場での喫煙規制を確立することを目的として，市民運動を中心に「新しい人権」として提唱された，意思に反する受動喫煙の害から非喫煙者の健康を守ることを求める権利のことをいう。旧国鉄（現JR）に乗車して受動喫煙の害に曝された乗客らが旧国鉄・旧専売公社・国に対し禁煙車両設置や健康被害に対する損害賠償を求め

た訴訟で、裁判所は嫌煙権を憲法上の権利として認めなかったが、嫌煙権の主張が裁判所でとり上げられたこと自体が市民運動にとっては大きな成功と言え、その後、嫌煙権は社会的に定着し、現在では公共の場での分煙化が進んでいる。なお、「喫煙権」については、未決拘禁者の喫煙禁止に関連して、最高裁は憲法13条の保障する基本的人権の1つに含まれる可能性を示唆したが、嫌煙権の主張は、公共の場における喫煙権と嫌煙権の調整を国に求めるもので、喫煙権を否定するものではない。　　　　　　　　　〈佐々木くみ〉

❽❺新しい人権

新しい人権とは、憲法制定時には人権として明文で保障されていなかった利益の要保護性が時代の推移とともに自覚されるようになったために「幸福追求権」等を根拠として保障される、憲法に列挙されていない権利のことをいう。そもそも「人権」とは人であることから当然に認められる権利であり、憲法は、憲法制定時において「人であることから当然認められる権利」として個別人権を列挙しているが、その後の社会の変化に伴い「生命・自由」などへの新たな侵害状況が生じたときに新しい人権を憲法上保障する必要が生じる。新しい人権は市民運動の場面で唱えられることもあるが、新しい人権を裁判所が承認する場合には、裁判所の主観的な価値判断によって人権が創設されるというおそれもある。「人権のインフレ化」には学説は消極的であり、新しい人権の承認基準の明確化が求められる。　　　　　　〈佐々木くみ〉

❽❻包括的基本権

包括的基本権は、憲法14条以下で具体的に列挙されている個別の基本権を生み出す源泉であり、これらすべてを包摂するだけでなく、憲法が明文化していない権利をも包括的に保障する。憲法13条が包括的基本権条項にあたり、「新しい人権」を生み出す根拠である。以前は、13条に具体的権利性を認めると「公共の福祉」による制約を「明文なき権利」一般に認めてしまう恐れがあるので、14条以下の個別的権利を総称したにすぎず、13条から具体的な権利を導き出すことはできないとされていた。しかし、13条から導き出される「明文なき権利」には、同条前段における個人の自律を保障するための「切り札」としての人権と、同条後段が保障する一般的自由権の一要素にすぎない権利との両方を含んでいると解すべきである。ただし、個々の「明文なき権利」が「切り札」としての人権として保障されるかどうかについては、単純な類型化が困難である。〈丸　祐一〉

❽❼幸福追求権

憲法13条後段が規定する「生命, 自由及び幸福追求に対する国民の権利」を略して「幸福追求権」と呼ぶ。幸福追求権は、包括的基本権として「明文なき権利」を導き出す根拠となる。判例もこの条項を根拠に、本人の承諾な

しに容貌や姿態を撮影されない自由などを認めている。幸福追求権が権利として保障している範囲については争いがあり、一方で、13条前段の「個人の尊重」について、これは政府が個人を自律的存在として尊重することを規定していると解し、幸福追求権が保障しているのは「人格的生存に不可欠な利益」であるとする見解（人格的利益説）があり、他方で、他者の利益を害しないあらゆる行為の自由が幸福追求権によって保護されているとする見解がある（一般的行為自由説）。前者に対しては、「人格的生存に不可欠な利益」とは何かが抽象的で曖昧だとする批判などが、後者には、「権利のインフレ」を起こし憲法上の権利一般の価値の低下を招く恐れがあるといった批判がある。 〈丸 祐一〉

❽❽自己決定権

自己決定権とは、一定の私的事項について自分で決定する権利のことである。日本国憲法は自己決定権を明文で定めておらず、憲法13条を解釈することで導き出される。思想的にはJ. S.ミルの『自由論』(1859) をその淵源としており、他者に危害を及ぼさないかぎりで、私事に関わる事柄については当のその人が判断すべきであって、社会や政府を含む他者がそれに干渉することは許されないとされる。これを憲法の観点で言い直すと、権利として保障される自己決定は社会全体の利益を理由とした政府の行為の正当性を覆す「切り札」として働きうる、ということになる。ただし、輸血拒否や臓器売買といった事柄については、本人の利益を理由としたパターナリズムによって干渉を正当化できるとする議論がある。また、髪型のようなライフスタイルに関する決定については、「人格的生存に不可欠な利益」とまではいえないので権利として保障されない、とする立場もある。 〈丸 祐一〉

❽❾精神的自由

精神的自由とは、基本的人権のうちの精神活動にかかわる自由のことであり、日本国憲法においては、主に思想・良心の自由（憲19）、信教の自由（憲20）、表現の自由（憲21）、学問の自由（憲23）が該当する。

精神的自由は、個人の尊厳維持や人格形成に不可欠であるとともに、人々の自由な意思形成及び意見交換を前提条件とする健全な民主主義過程の実現にも不可欠であることから、経済的自由と比較した場合に優越的地位にあると説かれる。そして、ここから、精神的自由の規制立法に対しては経済的自由の規制立法の場合よりも厳格な審査基準を適用すべきであるという二重の基準論が説かれる。なお、内面的な精神活動の自由（思想・良心の自由、信仰の自由、研究の自由等）は絶対的に保障されるが、外面的な精神活動の自由（宗教的活動の自由、宗教的結社の自由、表現の自由、研究発表の自由、教授の自由等）については必要最小限

の制約をうけることがある。

〈小谷順子〉

❾⓪思想・良心の自由

思想・良心の自由とは，個人の内面的な精神活動の自由のことであり，近代人権宣言の中核に位置づけられる。諸外国の憲法では，思想・良心の自由を信教の自由又は表現の自由の一環として保障する例もあるが，日本国憲法では第19条で独立してこれを保障する。同条の保障対象となる思想・良心につき，個人の信条や世界観にかかわるものに限定する見解と，より広く事物の是非の判断等も含むとする見解がある。

同条の下，国家が個人に特定の思想をもつよう（又はもたないよう）強制することが禁じられるほか，自己の思想を公表するか否かの自由，及び個人の思想に基づく不利益的取扱いをうけない自由が保障される。なお，個人の思想・信条に基づく内面的精神活動が絶対的に保障される一方で，個人の思想・良心に基づく外部的行為については必要最小限の制約をうけることがあり，こうした制約に伴う個人の内面に対する間接的制約がどこまで許されるのかが問題となる。　〈小谷順子〉

❾①信教の自由

信教の自由（憲20①前段）とは，内心の自由として，(1)信仰の自由――信仰（宗教を信じること）又は不信仰（宗教を信じないこと）の自由――，並びに，外部的行為の自由として，(2)宗教的行為の自由――宗教的行為（信仰に基づく行為）をする又はしない自由――，及び，(3)宗教的結社の自由――宗教的結社（宗教団体）を結成し，それに加入する又はしない自由――を保障内容とする権利をいう。信仰の自由には，信仰又は不信仰に基づく差別（不利益の賦課）を受けないことや，信仰又は不信仰の告白を強制されないことも含まれる。宗教的行為をしない自由は，明治憲法下での神社参拝の強制の反省から，明文で重ねて保障されている（憲20②）。宗教的結社の自由には，宗教団体の自律権（自治権）――団体の内部事項について干渉されない権利――も含まれる。日本国憲法は，信教の自由の保障をより確実にするために，政教分離の原則（憲20①後段，20③，89前段）を採用している。

〈神尾将紀〉

❾②宗教的行為の自由

信教の自由のうち，信仰の自由が内心の自由として憲法上絶対的に保障される（それ故，制約される余地がない）のに対し，宗教的行為の自由（及び，宗教的結社の自由）は，外部的行為の自由として，公共の福祉（憲13）のために制約されうる（ただし，宗教的行為をしない自由は，信仰の自由の保障に準ずる）。加持祈禱事件最高裁判決も，他人の生命・身体に危害を加える宗教儀式を処罰しても信教の自由の保障に反しない，と判示した。もっとも，剣道実技拒否事件最高

裁判決は,「一般的な」規制（義務）であっても,「信仰の核心部分と密接に関連する真しな」理由から従えない信仰者に「重大な不利益」を課すことになる——それにより,信仰者が「信仰上の教義に反する行動を採ることを余儀なくさせられる」——場合には,その規制が「必須のもの」でなければ,信教の自由の保障に照らし,信仰者に便宜（免除ないし代替措置）を図らなければならない,と判示している。

〈神尾将紀〉

❸政教分離の原則

政教分離の原則とは,国家（地方公共団体を含む）と宗教（宗教団体を含む）の分離の原則をいう。国家の宗教的中立性（特定宗教ないし宗教一般の優遇・促進又は劣遇・阻害の禁止）の原則を意味する。明治憲法（国家神道体制）下での宗教弾圧の反省から,日本国憲法は,政教分離原則を採用し,20条1項後段,20条3項,89条前段は,同原則を具体化した政教分離規定である。津地鎮祭事件最高裁判決によれば,国家と宗教の「完全な分離」は「実際上不可能」だから,政教分離原則は,わが国の「社会的・文化的諸条件」に照らし,国家と宗教の「かかわり合い」が「相当とされる限度を超える」場合のみを禁止し,それ故,憲法20条3項で禁止される「宗教的活動」とは,「社会通念」に従って,「当該行為の目的が宗教的意義をもち,その効果が宗教に対する援助,助長,促進又は圧迫,干渉等になるような行為」と判断されるものをいう（いわゆる目的効果基準）,としている。

〈神尾将紀〉

❹レモンテスト

レモンテストとは,アメリカ憲法の政教分離条項に関する違憲審査基準である。連邦最高裁のLemon判決で定式化された。レモンテストによれば,国家行為は,①「世俗的目的」を有すること（すなわち,「宗教的目的」を有しないこと）,②宗教を促進又は阻害する「主要な効果」を有しないこと,③国家と宗教の「過度のかかわり合い」を生じさせないこと,という3要件の一つでもパスしなければ違憲とされる。津地鎮祭事件最高裁判決で憲法20条3項に関する違憲審査基準として採用された目的効果基準は,レモンテストを参考にしたものといわれるが,そこでは,国家行為は,「社会通念」（「一般人の意識」）——要するに,多数者の視点——に従って,①と②の要件の両方ともパスしないと判断された場合に限り違憲とされている（しかも,③の要件は,独立した要件とは見なされていない）点で,目的効果基準は,レモンテストよりも緩やかな基準である。

〈神尾将紀〉

❺エンドースメントテスト

エンドースメントテストは,アメリカの判例でレモンテストを修正（緩和）すべく提唱された基準であり,レ

モンテストが国家と宗教の分離を志向したのに対し、信仰者と非信仰者の平等を志向し、もっぱら宗教を是認(endorsement)——優遇——するような外観を呈する国家行為を禁止する。エンドースメントテストによれば、国家行為は、「合理的観察者」の視点から、①宗教を是認又は否認するメッセージを信仰者又は非信仰者に伝達する目的を有しないこと、また、②そのような効果を有しないこと、という2要件の一つでもパスしないと判断されれば違憲とされる。なお、エンドースメントテストを取り込んでレモンテストを厳格化すべく、国家と宗教の「象徴的結合」は、宗教の是認のメッセージを伝達し、宗教を促進する「主要な効果」を有する、と判示した連邦最高裁判決もあり、愛媛玉串料事件の第一審判決及び最高裁判決での目的効果基準には、その影響が見られる。

〈神尾将紀〉

ⓠ制度的保障（せいどてきほしょう）

制度的保障とは、憲法の規定が一定の制度を保障している場合をいう。ドイツ憲法学に由来し、制度的保障の意義として、法律により、当該制度の内容は形成されるが、その核心までは改変できない、と説かれる。日本国憲法では、8章は地方自治の制度を保障しているとか、23条や29条1項は、それぞれ学問の自由や財産権という人権と共に、大学の自治や私有財産制という制度も保障している、といわれる。これとの関係は不明だが、津地鎮祭事件や内閣総理大臣靖国神社参拝事件の最高裁判決によれば、政教分離規定は、「制度的保障」の規定であって、信教の自由の保障を「制度の根本目的」としつつ、政教分離の「制度」を保障したものだから、信教の自由が保障されている限り、政教分離は緩やかに解しうる、また、政教分離違反の国家行為があっても、それ自体では、個人の「権利」ないし「法的利益」を侵害せず、違憲訴訟は提起できない（住民訴訟はその例外）、という。

〈神尾将紀〉

ⓠ表現の自由（ひょうげん　じゆう）

表現の自由とは、人が意見、思想、感情等を口頭、印刷、電波等の手段のいかんを問わず、他者に伝える自由である。憲法21条1項が保障する同自由は、次のような2つの価値を持つと解するのが通説である。第一に、主権者たる国民が国政に関与する場合、政府に対する意見表明と国政情報の取得とが自由でなければならない。そこから表現の自由は、国民の自己統治に貢献する価値があるとされる。第二に、個人は、他者からの正当な意見具申が規制されず、また自己による正当な意見表明にも規制が加えられない中で人格を発展させていく。そのため同自由には、個人の自己実現の価値があるとされる。そしてこうした価値を有するが故に、表現の自由は、人権体系の中で優越的地位を占めると考えられている。このような理論は、表現規制立法の違

憲審査において，経済的自由に対する規制立法の場合よりも厳しい基準の適用を必要とするという二重の基準論を根拠づける。　　　　　〈小林伸一〉

98 情報公開制度　情報公開制度とは，国ないし地方自治体が保有する情報について，個人のプライバシーや企業の営業上の秘密，あるいは犯罪捜査上の秘密や外交機密等，開示には馴染まない一定の事項を除き，国民ないし住民の誰もがその開示を求めることができるようにする制度である。主権者たる国民が国政に関与するためには，国政情報を容易に取得できなければならず，他方，政府は国民に向け国政に関する説明責任を果たす必要がある。情報公開制度は，このような理念に則ったものである。2001年に国の行政機関を対象とする情報公開法が施行され，また全ての都道府県及び市区町村の大部分も，情報公開条例を施行済みである。通説は，情報開示請求権としての知る権利が抽象的権利の性質を帯びるとはいえ憲法21条によって保障されると解しており，情報公開制度はこうした権利を具体化すると捉える。　　　　〈小林伸一〉

99 個人情報保護制度　個人情報保護制度とは，官庁ないし民間企業に対し保有する個人情報の適正な保護を義務づける一方個人には自己情報の開示，訂正，利用停止の請求権を付与する制度である。憲法13条の幸福追求権の保障にとっては，公権力や第三者による不当な介入から個人の私生活上の秘密を防御するだけでは十分とはいえない現実がある。情報化社会の進展は，公的機関や私企業による大量の個人情報の収集，保管，利用を可能にした反面，情報の流出や不正使用が頻発する事態も引きおこしている。こうした状況にあっては，幸福追求の保障は個人が自己に関する情報のすべてをコントロールできてこそ充足されると考えなければならない。通説は，個人情報保護制度をこのような理念に立脚するものと捉える。民間を対象とした個人情報保護法と国の行政機関を対象とした行政機関個人情報法が2005年に揃って施行され，これを機にすべての都道府県・市区町村で個人情報保護条例が施行されている。

〈小林伸一〉

100 検閲　検閲とは，行政権が事前に表現の内容を審査し不適当と判断した場合これを禁止することをいう。戦前・戦中，反体制的な政治思想の監視にあたる旧内務省が書籍や雑誌論文の内容を事前に審査し公表の可否を決定していたことはその典型である。判例は，憲法21条2項の「検閲」について，「行政権が主体となって，思想内容等の表現物を対象として，その全部又は一部の発表の禁止を目的として，対象とされる一定の表現物につき網羅的一般的に，発表前にその内容を審査した上，不適当と認めるものの発表を禁止することを，その特質とし

て備えるもの」と定義し、同項はこれを絶対的に禁止すると解している。通説も、判例の見解に同調している。ただし学説の中には、憲法21条2項は、表現に対する公権力による事前抑制全般を原則的に禁止する趣旨と解する立場がある。このような立場に立てば、裁判所が名誉侵害の虞を理由として出版物の事前差止めを命じることも、検閲の問題となる。　　　〈小林伸一〉

❿事前抑制（じぜんよくせい）　裁判所によって記事の内容が特定個人の名誉を侵害する虞が大きいとして、出版前に雑誌の出版差止めが命じられたり、反社会的な内容の表現物の輸入の取締りにあたる行政機関が物品を事前に審査し輸入の可否を決定する場合のように、表現がなされる前に公権力がこれに規制を加えることを事前抑制という。事前に抑止されてしまえば、表現者はその内容を全く伝達できず、表現の受け手もそれに接する機会が絶たれてしまい、表現内容が明らかに有害な場合を除き、表現の自由の諸価値は大きく損なわれる。またそもそも何が有害か否かの判断は、公正な手続きによらない限り、審査官の恣意に左右されやすくなる。さらに事前抑制は、表現者に萎縮効果をもたらす危険性が事後抑制の場合よりも大きい。これらを根拠に事前抑制を表現の自由に対する最も厳しい制約と捉え、憲法21条は、厳格かつ明確な要件の下で許容される場合を除きこれを禁止すると解するのが判例、通説である。　　　〈小林伸一〉

❿内容規制／内容中立規制（ないようきせい／ないようちゅうりつきせい）　表現の内容規制とは、伝達される内容そのものに着目して表現を規制することを指す。内乱・外患の煽動やわいせつ表現に対する法規制がその類型例である。これに対し表現の内容中立規制とは、表現が伝達内容と直接関係しない理由に基づいて規制される場合をいい、表現の時、場所、方法についての法規制がこれにあたる。街の美観風致の維持を理由にビラ貼りに制限を設ける場合が、その典型である。内容規制は、特定の政治思想や社会思想を抑圧するために濫用される危険性が大きく、他方の内容中立規制はこのような危険性が比較的小さい。こうした差違を根拠として、通説は、違憲審査にあたって、前者については規制目的と規制手段の両面を厳密に審査することが要求され、これに対し後者の場合は、規制目的の正当性と他のより制限的でない規制手段の有無とを審査すれば足りる、と解している。　　　〈小林伸一〉

❿扇動（せんどう）　煽動とは、犯罪もしくは違法行為を実行させる目的で、文書や図画、言動によって、他人に対してその行為を実行する決意を生じさせるような、または既に生じている決意を助長させるような刺激を与えることをいう。実行行為とは無関係に、煽動された者が行為を実行する危険性があるということだけで処罰の対象とさ

れる（破壊活動防止法4条2項など）。そのため，表現の自由を侵害し，政府への批判など正当な言論までが処罰される危険をはらんでいると指摘される。最高裁は，煽動が表現活動としての性格を持つことを認めながらも公共の福祉に反する場合には制限を受けることもやむを得ず，「公共の安全を脅かす現住建造物等放火罪，騒擾罪等の重大犯罪を引き起こす可能性のある社会的に危険な行為」であれば公共の福祉に反し，表現の自由の保護を受けるに値しないとして煽動罪の処罰が憲法21条に反しないと判断した（最判平2・9・28）。 〈二宮貴美〉

❶⓪❹わいせつの概念

わいせつとは，みだらに性欲を興奮，刺激することで普通人の正常な性的羞恥心を害し，善良な性的道義観念に反するものをいうとされる（四畳半襖の下張事件）。わいせつ文書にあたるかどうかについては，「一般社会において行われている良識すなわち社会通念」に従い，裁判所によって判断される。わいせつ表現については刑法175条によって販売・頒布・公然陳列および販売目的の自己所持が禁止されており，この規定について最高裁は「性的秩序を守り，最少限度の性道徳を維持する」ための制限は公共の福祉によって認められると判断している。また，芸術的に価値のある作品でもわいせつだと判断されている。しかし，わいせつ物の規制は社会の道徳や秩序維持のために表現の自由に対する制約を認めるという考え方に基づくものであるとして批判もされている。
〈二宮貴美〉

❶⓪❺名誉毀損の免責

憲法21条1項は表現の自由を保障するが，無制限に保障されるものではない。表現内容が個人の名誉を毀損するものである場合には，刑法230条や民法709条・710条によって制限される。しかし，刑法230条は公然の事実を摘示して他人の名誉を毀損した場合に刑罰を科すものであり，その事実が真実であっても責任を免れない。このことは政治家への批判や論評をも制限することとなり，表現の自由への大きな制約となっていた。そこで刑法230条の2が追加され，①名誉毀損が公共の利害に関する事実に係り，②その目的が専ら公益を図ることにあった場合，③真実であることの証明がなされた時には責任が免除され，処罰されないこととなった。 〈二宮貴美〉

❶⓪❻公正な論評の法理

公正な論評の法理とは，表明された意見が公正なものであれば責任を負わないとする理論で，アメリカで発展した考え方である。現在では最高裁もこの法理を認めているとされ，「公共の利害に関する事項について自由に批判，論評を行うことは，もとより表現の自由の行使として尊重されるべき」とし，さらにその対象が公務員の地位における行動である場合に「そ

の目的が専ら公益を図るものであり、かつ、その前提としている事実が主要な点において真実であることの証明があったときは、人身攻撃に及ぶなど論評としての域を逸脱したものでない限り」違法性を欠くものと判断している（長崎教師批判ビラ事件）。そして、真実と信じる相当な根拠のある意見、論評についても、それが個人攻撃にわたらない限り保護されるに至っている（最判平16・7・15）。　〈二宮貴美〉

❶❼間接的・付随的制約（かんせつてき・ふずいてきせいやく）

間接的・付随的制約とは、表現を規制する立法の目的が表現それ自体の抑圧（直接的制約）ではなく、表現行為によって生じる弊害の防止である制約のことを指す。この類型への該当が認められると、当該規制は内容中立規制として扱われ、違憲審査の厳格度が緩和される。「間接的」と「付随的」は同義とされるが、近年は両者を区別する説が有力となっており、最高裁も「付随的」の語を用いない傾向がある。また規制の直接性を検討する際、規制効果の強度が考慮されることもある。猿払事件は、公務員の政治的行為の制限が間接的・付随的制約に過ぎないとして、規制により失われる公務員の利益を小さいとしたが、学説上批判が強い。この理論は戸別訪問規制事件でも採用されており、信教の自由（エホバの証人剣道受講拒否事件、オウム真理教宗教法人解散命令事件）や思想・良心の自由（日の丸・君が代訴訟）の文脈においても、直接的制約と間接的制約が対置されている。
〈森脇敦史〉

❶❽萎縮効果（いしゅくこうか）

法令が「風俗を害する図書」を取締まる目的で許可制を設けたり、あるいは「社会秩序を紊乱する虞のある時」という文言を用いてデモ行進に対する犯罪成立要件を規定する場合、どのような書物であれば出版が許可され、どのようなデモが処罰を免れるのか、を見極めるのは容易ではない。こうした法令を前にすれば、大抵の人は表現する意欲を失い、結局これを取り止めてしまう。表現者に対し法規制の及ぼすこのような実際上の効果が萎縮効果である。萎縮効果を伴う法令が政治的表現を規制対象とする場合はとりわけ深刻である。これにより政治的意見を表明しようとする者は自ら口を閉ざしてしまい、ひいては民主的政治過程の機能不全を招く虞すらある。そのためこのような法令は、文面審査の段階で違憲と判断される場合もあり得ると解するのが通説である。　〈小林伸一〉

❶❾言論・出版の自由（げんろん・しゅっぱんのじゆう）

言論とは、口頭による表現であり、出版とは、印刷物による表現である。憲法21条1項は、両者を代表的な表現形態として各々の自由を保障する。もっともこのような概念上の区分は、必ずしも一般的ではなく、むしろ言論の自由と出版の自由を同義語と捉えるのが通例である。通説も、

これに倣って両者を厳密に区別しない。これに対しドイツの判例，通説では，「出版（プレス）の自由及び放送と映画による報道の自由」を保障する基本法5条1項が自由なプレス制度の保障をも含むと解されている。我が国の学説の中にも，報道機関が果たす権力抑制機能に鑑みれば，憲法21条1項の「出版の自由」が報道機関に憲法上の特権的地位を付与する制度をも保障すると解する立場がある。これに対しては，特権的地位への見返りとして，報道機関は法的規律に服さなければならなくなり，かえって本来の権力抑制機能を低下させる虞があるという批判がなされている。 〈小林伸一〉

�110 知る権利

知る権利は，国家によって情報収集を妨げられないという自由権的側面と，国家が保有する情報の開示を求める請求権的側面を有する権利である。表現行為を行う前提として，知識や情報，他者の表現を受け取る権利・自由が保障される必要があることを根拠に，憲法21条1項が保障する表現の自由から知る権利が導き出される。自由権的意味での知る権利は，「各人が自由にさまざまな意見，知識，情報に接し，これを摂取する機会をもつことは，その者が個人として自己の思想及び人格を形成，発展させ，社会生活の中にこれを反映させていく上において欠くことのできないもの」（レペタ訴訟）とされる。他方，請求権的意味での知る権利は，具体的な法制度の創設によってはじめて具体化され実現可能となる抽象的権利であると解されており，各種の情報公開法や情報公開条例によって具体化されている。 〈横大道 聡〉

�111 反論権

マス・メディアにより批判を受けた者が，そのマス・メディアに対して反論の機会を請求する権利。民法上の名誉毀損が成立した場合，裁判所は損害賠償に代えて，または損害賠償ともに名誉を回復するに適当な処分を命じることができるが（民723），この「名誉を回復するに適当な手段」として反論権を認めるべきかが議論されている。この問題が争点となったサンケイ新聞事件判決は，反論権を認めると，「新聞を発行・販売する者にとっては，……紙面を割かなければならなくなる等の負担を強いられるものであって，これらの負担が，批判的記事，ことに公的事項に関する批判的記事の掲載をちゅうちょさせ，憲法の保障する表現を間接的に犯す危険につながる」として消極的な姿勢を見せつつも，不法行為が成立した場合や立法がなされた場合は別であるとも述べており，反論権が法律によって認められる余地を残している。

〈横大道 聡〉

�112 囚われの聴衆

他者の表現や意見を回避できない場所や状態にあるため，それらを強制的に見聞きせざるを得ない者をいう。アメリカ憲法学では，人々がそのよう

な場所や状況に置かれている場合には、彼（女）らを保護するために、政府が当該表現を規制してもよいとされる（囚われの聴衆の法理）。いわば、表現を聞きたくないという聴衆の利益を、表現を伝達したい発言者の利益に優位させる考え方である。日本では、市営地下鉄車内の商業宣伝放送が、その放送を聞きたくない乗客の人格権を侵害するか否かが争われた事案（最判昭63・12・20）で、伊藤正己裁判官の補足意見が「囚われの聞き手」に言及したことがあるが、その他の裁判でこの概念が持ち出されたことはほとんどない。憲法学においては、政府の表現活動（いわゆる政府言論）から「囚われの聴衆」を保護するために、当該表現を憲法上制約すべきであると論じられることがある。　　　　〈横大道　聡〉

⑬報道の自由

新聞や放送などを行うマス・メディアが、報道活動を行う自由をいう。最高裁は、博多駅フィルム提出命令事件決定において、「報道機関の報道は、民主主義社会において、国民が国政に関与するにつき、重要な判断の資料を提供し、国民の『知る権利』に奉仕するもの」であり、「報道のための取材の自由も、憲法21条の精神に照らし、十分尊重に値するものといわなければならない」としている。このようにマス・メディアの報道の自由は、国民の知る権利という社会全体の利益から導き出されるものであるから、その利益に奉仕するために、個人には認められない特権（放送用電波の独占的利用や取材の自由、取材源を秘匿する特権など）が認められる一方で、個人には適用することが許されない制約（放送の公平原則など）を課すことも許されると考えられている。　　　　〈横大道　聡〉

⑭放送の自由

放送の自由は、表現の自由のもとで保障される報道の自由のうち、とりわけ放送メディアの自由に着目した概念であり、より規制を受ける余地があるという点で、出版・印刷メディアの自由と区別される。電波法上、放送局の開設には総務大臣の免許が必要とされ（6条）、放送の内容についても、放送法により、公安及び善良な風俗を害しないこと、政治的に公平であること、報道は事実を曲げないですること、意見が対立している問題についてはできるだけ多くの角度から論点を明らかにすることなどの規制が課されている（4条）。放送メディアについてのみ規制が許される根拠としては、通常、電波の希少性と放送の社会的影響力の2点が挙げられるが、多チャンネル化が進んだ今日にあっては、電波の希少性も社会的影響力も低下しており、これらの根拠のみによって、どこまで放送の自由の制約が正当化されるのかは疑問も提起されている。　　　　〈横大道　聡〉

⑮取材の自由

主に報道機関が報道目的で、ある物事、事件から聞き込み、撮影等により記事

や作品の材料を取る自由のことをいう。通説は、取材の自由が報道の自由とともに憲法21条の保障を受けるとする。最高裁も事実上同様の立場だが、公正な刑事裁判実現の要請により制約を受けるとする（博多駅事件等）。通説は、取材源開示の強制が将来の取材を困難にするため、取材源秘匿の自由も保障されると説くが、記者の裁判での証言義務の拒否まで正当化しうるかは議論がある。最高裁は刑事事件でこれを否定したが（石井記者事件）、民事事件で肯定した（NHK記者証言拒絶事件）。法廷での取材制限は合憲とされるが（北海タイムス事件）、メモをとる自由は認められている（レペタ事件）。取材目的で国家秘密の漏洩をそそのかす行為は、その方法が社会観念上相当である限りは許容される余地がある（西山記者事件）。2013年12月に特定秘密保護法が成立し、改めてこの問題が議論になっている。〈奈須祐治〉

⓰取材源秘匿権（しゅざいげんひとくけん）

取材源秘匿権とは、記者が刑事または民事事件における証人として法廷に呼び出された際に、身元を明かさない要件で得られた情報の取材源を守るために証言または出頭そのものを拒否できるとする特権として主張される。国民の「知る権利」を保障するため、国民に情報を伝達する役割を担う報道機関には報道の自由が憲法21条1項によって保障されるが、報道の内容を担保するためには自由な取材、そして情報提供が必要である。取材源との信頼関係が自由な取材には不可欠なため、そのような取材源の身元を明かさないことは記者の倫理であるとされる。最高裁は、報道関係者の取材源は「職業の秘密」にあたるとして、民事訴訟においては特段の事情がない限り証言拒絶が認められると判断している（最決平18・10・3）。〈二宮貴美〉

⓱期待権（きたいけん）

期待権とは、「放送事業者又は制作業者から取材を受けた取材対象者が、取材担当者の言動等によって、その取材成果が一定の内容・方法により放送に使用されるものと期待し、あるいは信頼した」場合にその期待・信頼が法的保護に値することをいうものとされる。どのような編集・報道をするかは報道機関の自主的判断に委ねられるものであるため、報道・表現の内容が取材時の説明とは違ったとしても、そのような期待・信頼は原則として法的保護の対象とはならない。報道機関に責任があるとして取材対象者の期待・信頼が保護されるのは番組で取り上げられた人の発言の趣旨をことさらに修正したり、前後の文脈によって発言の趣旨が大きく異なる結果となったような場合に限定されると考えられる。（最判平20・6・12）〈二宮貴美〉

⓲違憲な条件の法理（いけんじょうけんのほうり）

国家が利益・資金の提供といった給付的活動を行う場合に、その利益を受ける条件として、憲法上

の権利の放棄や，権利の行使を差し控えるよう要求することを禁止する法理をいう。現代国家は，条件付きで助成金や補助金といった利益を提供することで，直接的には制約することが許されない憲法上の権利の行使を間接的に管理・操作しようとする。違憲な条件の法理は，こうした国家権力の行使に対抗して，実質的に憲法上の権利を保護するために，アメリカ合衆国の判例法理により生成・展開してきた法理である。もっとも，この法理のもとでも，国家は，提供する利益と合理的に関連する制約を課すことは許されると考えられている。そのため，どのような条件が「違憲な条件」とされるのかについて学説上対立がある。また，判例上も変遷がみられ，近年ではあまり判例で用いられていないとの指摘もある。

〈横大道　聡〉

⑲パブリック・フォーラム

表現活動のために利用することが憲法上認められる公共の場所をいう。アメリカ合衆国の判例法理により生成・展開した概念であり，公共の場所の特徴に応じて，①道路や公園などの「伝統的パブリック・フォーラム」，②政府が公有地を，表現活動のための場として開放した公共施設などの「指定的又は制限的パブリック・フォーラム」，③公共のために解放されたという伝統や指定が存在しない「非パブリック・フォーラム」の3つに区別するのが一般的である。それぞれのカテゴリごとに，どこまで表現活動の制約が許されるかについて異なった審査基準が適用される。なお最近では，物理的意味での場所にとどまらず，公権力が提供するサービスや助成プログラムもパブリック・フォーラムとして把握しようとする判例・学説が有力に主張されている。日本でもパブリック・フォーラムについて，最高裁判所の伊藤正己裁判官の補足意見等で言及されたことがある。

〈横大道　聡〉

⑳過度(かど)の広範性(こうはんせい)ゆえに無効(むこう)の法理(ほうり)

表現の自由を制約する法令のうち，規制の範囲が広すぎて，表現の自由によって保障される行為にまで制約が適用される可能性のある法令を文面上違憲無効とする法理をいう。なぜそうした法令が文面上違憲無効とされるのかといえば，憲法上保障される表現行為であっても，法令の文言上規制を受ける可能性が残されている場合，規制や処罰を受けるのを恐れて表現行為そのものを差し控えてしまうという委縮効果が生じてしまうこと，法令を執行する機関に広い裁量を与えるものであり，恣意的な運用を可能とするものだからである。このため，アメリカ合衆国の判例法理では，憲法により保障されない表現行為を行った当事者であっても，過度の広範性ゆえに無効の法理に抵触する法令であれば，その法令は文面上違憲であるから，その法令の違憲性を

主張することができると考えられている。〈横大道　聡〉

(121)明確性の原則

主に刑罰法規，精神的自由規制立法が明確でなければならないとする原則のことをいう。憲法31条から導かれる，刑罰の内容を予め法律で規定することを求める罪刑法定主義の原則，刑罰を科す過程の適正を求める適正手続の原則から，刑罰法規にこの原則が妥当する。不明確な法令によって精神的自由（特に表現の自由）を制約すると，本来合法な言論まで自己規制される萎縮効果が生じうること等から，精神的自由規制立法にもこの原則が妥当する。法令が明確性の原則に違反すれば，文面審査において無効となる。「通常の判断能力を有する一般人の理解において，具体的場合に当該行為がその適用を受けるものかどうかの判断を可能ならしめるような基準が読みとれるかどうか」が，この原則の適合性基準である（徳島市公安条例事件・税関検査事件）。刑罰法規の限定解釈が可能かどうかを判断する際にも同様の基準が用いられる（福岡県青少年保護育成条例事件）。〈奈須祐治〉

(122)ヘイトスピーチ（憎悪言論）

主に人種，民族等の集団的属性に基づき，集団全体，個人・小集団を誹謗する言論のことをいう。①虐殺，差別等の煽動，②集団的名誉毀損・侮辱，③ホロコースト等の歴史的事実の否定・矮小化，④差別的シンボルの掲示，⑤差別的発言によるハラスメント等を含む。また，⑥人種等への憎悪に基づく犯罪行為はヘイトクライム（憎悪犯罪）と呼ばれる。ほとんどの国はこれを規制するが，米国は例外的で，⑤・⑥と，④の一部を規制するにすぎない。日本は特別の規制を設けていないので，既存法令に違反する場合（個人に対する名誉毀損等）にのみ法的規律が及ぶ。日本は1995年に人種差別撤廃条約に加入したが，ヘイトスピーチ規制を求める条項の履行に留保を付した。2002年にも規制条項を含む人権擁護法案が国会提出されたが廃案となった（これを修正した人権委員会設置法案も廃案）。近年日本で過激な排外主義運動が拡大し，改めて規制の是非が議論されている。〈奈須祐治〉

(123)結社の自由

結社とは，政治・経済・宗教・文化など共通の目的を有する特定多数人の継続的結合体をいう。多数人の一時的集合である集会とは区別される。結社の自由には，結社を構成する自由・結社の活動の自由のほか，結社を創設・加入しない自由，離脱する自由も含まれる。国家と個人の間に存在する諸集団（中間団体）から個人を解放することが近代憲法成立の前提であったこと（中間団体否認の法理）からすれば，むしろ「結社を構成しない自由（消極的結社の自由）」に重点が置かれる。そこで問題となるのが，弁護士会・税理士会

など、一定の職業を遂行するために法律で設立・加入が強制される団体である。これについては、高度な専門性と公共性を持つ団体に関して、職業倫理の確保と事務の改善進歩という目的に厳格に限定される限り、消極的結社の自由を侵害しないと解されている。なお、近年では、「法人の人権」（→**71**）で扱われている論点を、結社の自由の文脈で扱う学説も存在する。〈岡田順太〉

124 学問の自由

学問の自由は、従来の通説によれば、①学問研究の自由、②学問研究の成果の発表の自由、③教授の自由、④大学の自治を含む（憲23）。最高裁はポポロ事件で、23条の学問の自由は①②を含むとした。③について曖昧だったが、旭川学テ事件で明確に認めるに至った。①②は何人にも保障されるが、③が大学教員のみならず初等中等教育機関の教員にも保障されるかについて学説は分かれる。最高裁は一定範囲で保障を認めるが、児童生徒の批判能力の欠如等を理由に完全な教授の自由は認められないとする（旭川学テ事件）。近年の急速な科学技術の進歩に伴い、大規模破壊・殺戮に転用可能な技術、遺伝子組み換え技術、臓器移植等の高度医療技術が生命の安全や伝統的な道徳、倫理を損なうことが懸念されているが、法規制が可能とする説と、研究者の自己規制に委ねるべきとする説がある。2000年にクローン胚等の利用を規制するクローン規制法が制定されている。

〈奈須祐治〉

125 大学の自治

大学が外部からの干渉なく自律的に組織運営を行うことをいう。通説は、学問の自由を確保するために不可欠な制度として、憲法23条により保障されるとする。その法的性格については、制度的保障と解されている。①教員人事における自治、②施設管理における自治、③学生管理における自治、④研究教育内容・方法の自主決定権、⑤予算管理における自治を含むとする説が有力である。このうち①が最も重要とされる。明治憲法下の滝川事件で①の侵害が問題になったが、沢柳事件以降これが確立されるに至った。自治の主要な担い手は、教授その他の研究者組織、具体的には教授会とされる。ポポロ事件において最高裁は学生を営造物利用者と捉えたが、最近では学生にも大学運営につき積極的に意見を述べる権利が認められている。大学の自治は警察権との関係で問題となる。③の侵害が問題になったポポロ事件で、最高裁は大学への警察権の介入を安易に容認したと批判された。〈奈須祐治〉

126 教授の自由

教員が技術、学芸を教える自由。憲法23条の学問の自由に包含される。最高裁は、ポポロ事件では23条が教授の自由を含むのかにつき曖昧だったが、旭川学テ事件で明確に認めるに至った。この自由の典型的な侵害として、憲法学者の美濃部達吉の学説を教室で教え

ることを禁止した，明治憲法下の「天皇機関説事件」が挙げられる。23条の教授の自由の保障が，大学教員のみでなく初等中等教育機関の教師にまで及ぶのかについて，学説は，①否定説，②肯定説，③基本的に否定されるが，教師の教育の自由が憲法の別の規定によって保障されるとする説に分かれる。最高裁は，初等中等教育機関の教師の教授の自由を認めたが，普通教育の児童生徒の批判能力の欠如，教師が児童生徒に対して持つ強い影響力，子どもの側に学校や教師を選択する余地が乏しいこと，全国的に一定の教育水準を確保する必要等から，完全な教授の自由は認められないとした（旭川学テ事件）。〈奈須祐治〉

❶㉗ 法の下の平等（ほうのもとのびょうどう）

憲法14条1項は，すべての国民が「法の下に平等」であると定める。この意味について，法適用平等説（立法者非拘束説）と法内容平等説（立法者拘束説）の対立があったが，後者が通説・判例の立場である。法適用平等説は，行政権と司法権が法を執行し適用する場面で国民を差別してはならないと考える立場である。他方で，法内容平等説は，法適用の平等に加えて，法を定立する立法権も平等原則に拘束され，法の内容そのものも国民を平等に取り扱うべきだと考える。法適用平等説の背景には，立法権に対する信頼がある一方で，法内容平等説は立法者の恣意的行為を警戒する。法内容平等説が支持される根拠として，日本国憲法が憲法と法律を質的に区別していること，裁判所による法律の違憲審査を認め，人権をあらゆる国家権力から不可侵なものとして保障していること，法内容に不平等な取扱いが定められていれば，それをいかに平等に適用しても無意味であることがある。〈田代亜紀〉

❶㉘ 形式的平等（けいしきてきびょうどう）

形式的平等は，機会の平等とも呼ばれ，公権力による不当な法的取扱いは禁止され，各人は機会を平等に提供されなければならないと考える。この考えでは，機会を平等に提供した結果，生じる不平等については考慮しない。しかし，機会の平等をどれだけ保障しても，資本主義の高度化や自由競争の結果，貧富の差がもたらされる。現代においては，この現実の不平等な結果を積極的に是正する実質的平等が要請される。形式的平等と実質的平等は対立する考えであるが，立憲主義の原則があくまで自由主義（自由競争）にあることから，憲法は原則として形式的平等のみ求めるという立場である。ただし，例外的に実質的平等を考慮（配慮）する場合がある。生存権（憲25），義務教育の無償（憲26②）はその例に挙げられる。〈田代亜紀〉

❶㉙ 絶対的平等（ぜったいてきびょうどう）

平等の意味について，上記の形式的平等・実質的平等の区別のほか，絶対的平等・相対的平等の区別もされる。絶対的平等は，すべての人に対して全

く同じ法的取り扱いをする考えであり、各人の事情の相違を考慮に入れない。他方で、相対的平等とは、等しいものは等しく扱うけれども、各人に等しくない事情がある場合には、その等しくない程度に応じて等しくない扱いをする。すなわち、相対的平等は、性別や能力といった各人の事実的・実質的な差異を前提とする考えであり、この考えを採れば、合理的根拠のある区別は認められることになる。判例は、相対的平等の立場を採っている。通説も、相対的平等の考えを採っており、事情の異なる者に対して同一の処遇をすることは、かえって許されない差別になると説明する。他方で、文脈によっては絶対的平等の考えが妥当するとの指摘もある。例えば、個人の尊厳が直接に関わる場合などである。〈田代亜紀〉

❶㉚配分的正義（はいぶんてきせいぎ）

配分的正義の萌芽は、ギリシア思想まで遡る。アリストテレスは、社会全体の便益や財または負担を市民の間で分ける場合に、各人の「価値」に応じて（比例して）、それを配分することを考えた。すなわち、各市民の価値と財や負担の取得量の比率が等しいこと（幾何学的平等）である。古代ギリシアのポリスにおいて、配分されるものの典型は戦費と敗戦国からの賠償金であり、配分の基準となる価値は貧富の程度、身分・家柄、貢献の程度、各種の能力などであった。なお、配分的正義は、「価値」に応じて等しくということを要求するが、どの価値に応じるべきかは指定しない。近代法の公法・私法二分論のもとでは、配分的正義が公法の正義とされたが、現代法の展開に伴って、公法と私法の融合傾向が進み、配分的正義は私法の領域への影響が強まっているといわれる。また、現代正義論の主な関心も配分的正義であり、アリストテレスの考えが引き継がれている。〈田代亜紀〉

❶㉛投票価値の平等（とうひょうかちびょうどう）

投票価値の平等は1票が等しい価値を持つことを意味し、議員1人当たりの有権者数の平等、選挙結果に及ぼす影響力の平等と言い換えることができる。現実には、投票の重みは選挙区間で大きな格差があり、議員定数不均衡が問題となっている。国会の両院と地方議会について判例が多くあり、争いが続いている。憲法14条が定める平等権は投票価値の平等も要請するが、政治技術上の問題が関係するため、最高裁判所はかつて立法政策の問題としていた。その後、昭和47年の衆議院議員選挙における1対4.99の格差が違憲とされた。諸判決は、従来の選挙実績や選挙区としてのまとまり具合といった非人口的要素や、選挙政策には時間が必要であるから、違憲状態になってからの「合理的期間」の経過などを考慮して判断している。学説の多くは、1人1票の原則を基礎に、許容される格差は2倍未満であると議論している。〈田代亜紀〉

❶❸❷アファーマティブ・アクション

アファーマティブ・アクション（積極的差別是正措置）とは，法制度上の取扱いの平等を保障しただけでは解消されない現実社会の不平等状態を解消して実質的平等を実現することをめざして，従来差別をうけてきた集団や不利な立場に置かれてきた集団を優遇する形で講じる施策のことである。ポジティブ・アクションともいう。

アメリカでは，公務員の職員採用や公立大学の入学試験に際し，人種的マイノリティを優遇する形で特別定員枠や選抜基準における優遇措置を設ける例が多くみられたが，これらは形式的平等の要請に反する逆差別であると指摘され，憲法問題としての議論が続いている。日本の現行法では，国及び地方公共団体の職員の一定割合について障害者を採用することを求めているほか（障害者の雇用の促進等に関する法律38条），内閣府に設置する男女共同参画会議の議員の男女比率の基準を定めている（男女共同参画社会基本法25条3項）。　　　　　〈小谷順子〉

❶❸❸逆差別

逆差別とは，一般に，従来差別される側にあった集団を有利に取り扱うことによって，従来は差別されることのなかった集団が不利な取り扱いをうけることをいう。具体的には，従来差別される側にあった女性やマイノリティ集団を優遇する形で政府がアファーマティブ・アクションを講じた場合に，男性やマジョリティ集団がうける不利な取り扱いがこれに該当する。

黒人に対する差別の解消をめざすアメリカでは，従来，人種に基づく差別的取扱い（すなわち黒人に対する不利益措置）については違憲性を推定したうえで審査を行ってきたが，当該審査基準をそのままアファーマティブ・アクションに適用すると，人種間格差の解消ないし実質的平等の実現のために採られた施策であるにもかかわらず人種に基づく差別的措置に該当して違憲性が推定されてしまうことから，アファーマティブ・アクションに適用すべき審査基準に関して議論が生じた。

〈小谷順子〉

❶❸❹人身の自由

人身の自由とは，身体を不当に拘束されない自由を意味し，人間の自由のうち最も根源的なものに属する。人身の自由の保障がなければ自由そのものが存在しえないからである。人身の自由は，絶対王政下の国王権力による恣意的・専断的な刑罰権の発動に制約を加えるという形で追求された。それを最初に確認したマグナ・カルタ39条は，「自由人は，その同輩の合法的裁判によるか，又は国法によるのでなければ，逮捕，監禁，差押え，法外放置，若しくは追放を受け又はその他の方法によって侵害されることはない。余も彼の上に赴かず，また彼の上に派遣しない」と定めている。人身の自由は，マグ

ナ・カルタ以降の人権宣言の中核にあった。日本国憲法は、奴隷的拘束・苦役からの自由を規定する18条とともに、31条以下に人身の自由に関する詳細な規定を置いている。なお、身体の自由自体は、13条によって保護されているとする有力な学説がある。〈北村總子〉

❽人身保護令状（じんしんほごれいじょう）

違法に身体を拘束されている可能性のある者の身柄を裁判所に連れてくるように命じる令状のことをいう。裁判所は当該身柄拘束の合法性を審査し、違法である場合には解放を命じる。イギリスで判例法上発展したものであり、17世紀には法律化され、後にアメリカに継受された。歴史的に人身の自由を保護する重要な役割を果たしたものであり、現在は刑事手続のみならず、犯罪人引渡や国外退去、精神病院への強制入院、子の監護などの場合にも活用されているほか、アメリカでは有罪判決の再審手続的に利用されることが多い。類似した制度として、日本には人身保護法がある。同法は、「基本的人権を保障する日本国憲法の精神に従い、国民をして、現に、不当に奪われている人身の自由を、司法裁判により、迅速、且つ、容易に回復せしめることを目的とする」（1条）ものであるが、公権力に対して用いられることは稀で、対私人、とくに夫婦間等の子の引渡に関して請求されることが多い。

〈横大道　聡〉

❽奴隷的拘束からの自由（どれいてきこうそく）（じゆう）

憲法18条「何人も、いかなる奴隷的拘束も受けない。又、犯罪に因る処罰の場合を除いては、その意に反する苦役に服させられない」の規定は、身体の自由に対する個人の尊厳を踏みにじるような制約を否定し、人身の自由を広く保障するものである。「奴隷的拘束」とは、人間としての人格を無視したに等しい方法や態様での身体の自由に対する制約をいう。いわゆる監獄部屋などがこれにあたる。また、「その意に反する苦役」とは、本人の意に反する強制的な労役を意味する。例外として、「犯罪による処罰」の場合には許される。ただし、その刑罰は、「奴隷的拘束」であってはならず、また、「残虐な刑罰」に相当する場合には、憲法36条により禁じられる。兵役の強制は、9条のみならず18条にも反すると一般に解されている。本条は公権力に対してのみならず、私人間にも当然適用される。なお、本条は、アメリカ合衆国憲法修正13条1節の規定に由来するものだといわれている。

〈北村總子〉

❽兵役の義務（へいえきぎむ）

兵役の義務とは、自国を防衛するために国民が国に対して負う義務をいう。具体的には、兵籍に編入され、一定期間軍務に服する。明治憲法の下では、兵役の義務（20条）は、納税の義務（21条）、勅令で定められた教育の義務とともに、臣民の三大義務とされた。欧

米の伝統では兵役は一般に「苦役」とは解されず、国民の義務として憲法に兵役の義務を規定している国も少なくない。国際人権規約B規約8条3項c号(ii)においても強制労働に含まれないことが明記されている。しかし、日本国憲法の下では、戦争放棄条項である9条と、苦役からの自由を保障する18条を根拠に、認められないと解されている。 〈北村總子〉

❽罪刑法定主義

罪刑法定主義とは、法律により、事前に定められた行為についてのみ、犯罪の成立を肯定することが出来るという考え方である。憲法31条は、「何人も、法律の定める手続によらなければ、その生命若しくは自由を奪われ、又はその他の刑罰を科せられない」と規定しているが、ここにいう「手続」には、刑事手続において適用される実体刑法も含まれると解することで、罪刑法定主義は憲法上も基礎付けられることになる。かかる罪刑法定主義の背後には、主として二つの実質的な法原理が存在するとされる。一つは、民主主義の原理であり、刑罰の対象となる行為は、全国民の代表機関たる国会の立法によってのみ決定されるというものである。今ひとつは、自由主義の原理であり、刑罰法規の名宛人に行動の予測可能性を担保し、その自由を保障するため、何がどのような刑罰の対象となる行為かについては、行為前に定められている必要があるというものである。 〈稲谷龍彦〉

❾法定手続の保障（適正手続）

刑事手続に関する憲法規定の総則的規定とも解される憲法31条は、「何人も、法律の定める手続によらなければ、その生命若しくは自由を奪われ、又はその他の刑罰を科せられない」と定めている。このように、国家が、法律によって定められた手続によらなければ、何人も処罰することはできないという原則のことを、法定手続の保障という。その趣旨は、刑事手続が、刑罰という重大な害悪の国民への賦課に直接関係する上、それ自身が身体の自由・財産権、プライバシー権等の基本権侵害を伴いうることに鑑み、どのような要件や手続によって、どのような処分を行いうるのかについて、全国民の代表機関たる国会の立法を通じて統制させることにより、国民の権利・自由を守ることにあると解されている。なお、学説の中には、この保障の趣旨について、刑罰権に対する民主的統制に加えて、罪刑法定主義と同様に、国民に対する告知機能を見出すものもある。 〈稲谷龍彦〉

❿適正手続（デュー・プロセス）

刑事手続は、それが形式上法定されているのみならず、その内容も実質的に適正でなければならない。適正手続、あるいはデュー・プロセスとは、かかる要請ないし法原理のことを指し、憲

法31条がその法源とされ，その母法は合州国憲法修正 5 条及び修正14条のデュー・プロセス条項とされる。合州国においては，とりわけ修正14条のデュー・プロセス条項が，連邦最高裁判所の判例の積み重ねを通じ，手続法のみならず実体法の形成に大きな影響を与えてきた。これを受けて，かつて我が国においても，例えば罪刑法定主義をデュー・プロセスの実体法への現れであるとする，あるいは憲法31条を根拠に，判例よって刑事手続を形成する見解等が主張された。しかし，我が国は，判例法国ではなく，また憲法31条が「法律に」よる手続保障を明示していることなどから，次第に批判が高まり，現在の議論の重点は，法定手続の保障と手続の内容的適正さの両立へと移っている。　〈稲谷龍彦〉

❶❹❶二重の危険

二重の危険とは，被告人が同一事件について重ねて訴追を受ける危険をいう。その構造上私人が国家権力に対抗することが求められる刑事訴訟は，それ自体が被告人に多大な負担を強いるものであるから，ひとたび無罪となった者に，繰り返し重い負担を課して国家が自己の望む有罪判決を追求するという不正義は避けられなければならない。それゆえ，憲法39条は，「何人も，…既に無罪とされた行為については，刑事上の責任を問はれない。又，同一の犯罪について，重ねて刑事上の責任を問はれない」と規定し，二重処罰を禁じると共に，何人も二重の危険に曝されることの無いよう保障しているのである。もっとも，どのような場合に二重の危険が発生したといえるのかについては，意見が分かれうる。例えば判例は，一審から上訴までを一つの「継続的危険」と解し，無罪判決に対する検察官上訴が許されるとしているが，これには異論もある。　〈稲谷龍彦〉

❶❹❷現行犯

現に罪を行い，または行い終わった者を現行犯人といい（刑訴法212条 1 項），だれでもこれを逮捕できる（同213条）。憲法33条が「何人も，現行犯として逮捕される場合を除いては，権限を有する司法官憲が発し，且つ理由となつてゐる犯罪を明示する令状によらなければ，逮捕されない」と規定し，現行犯逮捕を令状主義の例外としているのは，犯罪の実行が明白で，裁判所による令状審査がなくとも，誤認逮捕のおそれがないためであるとされている。なお，捜索・押収についての令状主義を規定した，憲法35条は「何人も，その住居，書類及び所持品について，侵入，捜索及び押収を受けることのない権利は，第三十三条の場合を除いては，正当な理由に基いて発せられ，且つ捜索する場所及び押収する物を明示する令状がなければ，侵されない」と規定し，現行犯を捜索・押収についての令状主義の例外としているが，その根拠・範囲をめぐっては争いがある。　〈稲谷龍彦〉

❹❸緊急逮捕 刑訴法210条1項は、一定の重罪を「犯したことを疑うに足りる充分な理由がある場合で、急速を要し、裁判官の逮捕状を求めることができないときは、その理由を告げて被疑者を逮捕することができる」と定めている。この条文に基づいてなされる逮捕のことを、緊急逮捕と呼ぶ。緊急逮捕については、「何人も、現行犯として逮捕される場合を除いては、権限を有する司法官憲が発し、且つ理由となつてゐる犯罪を明示する令状によらなければ、逮捕されない」旨規定し、令状主義を採用した憲法33条に反するとの意見もあった。しかし、同条は、逮捕後「直ちに裁判官の逮捕状を求める手続をしなければならない。逮捕状が発せられないときは、直ちに被疑者を釈放しなければならない」と定めており、一種の令状逮捕と理解できることなどから、現在では、一般に合憲であると解されている。もっとも、令状主義の母国合州国では、重罪の無令状逮捕は広く行われている。

〈稲谷龍彦〉

❹❹別件逮捕 一般に、未だ逮捕要件の整わない重大なある事件（本件）を捜査するために、既に逮捕要件の整った軽微な別の事件（別件）を利用して、被疑者を逮捕することを、別件逮捕という。別件が余りにも軽微であり、逮捕・勾留の必要性が疑わしい場合に、当該逮捕・勾留が違法となることについては、争いが無い。しかし、別件についての逮捕・勾留の必要性が認められさえすれば良いとすると、①身体拘束処分が自白獲得の手段と化してしまうこと、②刑訴法の定める、身体拘束の時間的制限が潜脱されてしまうこと、③司法的抑制が空洞化してしまう、といった問題が生じる。そこで、別件について逮捕・勾留の必要性が認められる場合であっても、一定の場合には別件についての逮捕・勾留を違法とし、当該身体拘束を利用して得られた自白を排除すべきであるとされている。有力説によれば、別件を処理するために必要とされる標準的期間を超過した身体拘束は違法となる。

〈稲谷龍彦〉

❹❺令状主義 憲法33条は、「何人も、現行犯として逮捕される場合を除いては、権限を有する司法官憲が発し、且つ理由となつてゐる犯罪を明示する令状によらなければ、逮捕されない」と規定し、また、憲法35条は、「何人も、その住居、書類及び所持品について、侵入、捜索及び押収を受けることのない権利は、第三十三条の場合を除いては、正当な理由に基いて発せられ、且つ捜索する場所及び押収する物を明示する令状がなければ、侵されない」と規定する。逮捕・捜索・押収は、裁判所による厳格な審査を経て、権限を特定した令状に基づいて実施されなければならないという、この法原則のことを令状主義という。捜索・押収についての令状主義は、そ

の母法たる合州国憲法第四修正の史的展開に刺激を受けながら，プライバシーに対する無制約の侵害を封じ込めるための法的スキームであると解されてきた。それゆえ，例えば通信傍受などの捜査手法にも適用があるとされている。

〈稲谷龍彦〉

ⓐ刑事補償(けいじほしょう)

日本国憲法40条は，「何人も，抑留又は拘禁された後，無罪の裁判を受けたときは，法律の定めるところにより，国にその補償を求めることが出来る」と規定しており，これを受けて刑事補償法がその額や手続等を規定している。適法な手続に従って判決に至ったとしても，刑事手続それ自体が被疑者・被告人に対する大きな負担であることに鑑み，無罪判決を受けた被告人に対して国が一定の補償を行うこととしたものである。身体拘束後に不起訴処分となったものについても，一定の場合には被疑者補償規定により補償がなされている。これらの補償規定は，権利保障を手厚くし，捜査機関や訴追機関に慎重な捜査・訴追を行わせるインセンティブを与える反面，刑事手続の重点を，公判から公判前段階へと移行させ，いわゆる精密司法に拍車をかけているとの指摘もある。なお，憲法上の規定は欠くものの，刑事補償制度自体は大日本帝国憲法下でも存在していた。

〈稲谷龍彦〉

ⓐ自白(じはく)

自白とは，自己の犯罪事実の主要部分を認める供述である。自白は有力な証拠ではあるが，同時にその証明力が過大評価されやすいという問題を有しているため，憲法及び刑事訴訟法は様々な規制を設けている。まず，憲法38条1項は，「何人も自己に不利益な供述を強要されない」と定め，これを受けた刑訴法は被疑者・刑事被告人に黙秘権を保障している。次に，憲法38条2項は，「強制，拷問もしくは脅迫による自白又は不当に長く拘留若しくは拘禁された後の自白」の排除を命じ，さらに刑訴法が「その他任意になされたものでない疑のある自白」の排除を付け加えている。さらに，憲法38条3項は「不利益な唯一の証拠が本人の自白である場合」には，その者を有罪とすることは出来ないと規定し，これを受けた刑訴法が「公判廷における自白であると否とを問わず，その自白が自己に不利益な唯一の証拠である場合」にも有罪とすることはできないと規定している。

〈稲谷龍彦〉

ⓐ遡及処罰の禁止(そきゅうしょばつきんし)

憲法39条は，「何人も，実行の時に適法であつた行為」について，「刑事上の責任を問はれない」と規定し，事後的に制定された罰則を遡及適用して処罰することを禁じている。その趣旨は，行動の予測可能性の確保，遡及処罰の可能性による萎縮効果の除去等の刑法の自由保障機能にあるとされる。通説は，刑罰の有無や重さも，行為に大きな影響を及ぼしうることか

ら，行為時に違法ではあっても，罰則が設けられていなかった行為に事後に罰則を設ける，あるいは刑を事後に加重することも禁じられるとする。遡及処罰の禁止をめぐっては，判例を被告人に不利益に変更して適用することが，この禁止に抵触するのではないかが争われている。通説は，刑法においては判例が法源たりえないこと等を理由として，判例の不利益変更は遡及処罰の禁止に抵触しないとする。判例も，判例の不利益変更は憲法39条に反しないと判示した。 〈稲谷龍彦〉

❹弁護人依頼権（べんごにんいらいけん） 現行刑事訴訟法の下では，被告人・被疑者は，自らその権利を駆使し，捜査・訴追を担当する国家権力そのものに対抗しなければならないため，法専門家による援助を強く必要とする。そこで，憲法は，34条前段において，「何人も，理由を直ちに告げられ，且つ，直ちに弁護人に依頼する権利を与へられなければ，抑留又は拘禁されない」と規定して身体拘束中の被疑者の弁護人依頼権を保障し，また37条3項において「刑事被告人は，いかなる場合にも，資格を有する弁護人を依頼することができる。被告人が自らこれを依頼することができないときは，国でこれを附する」と規定して，被告人の弁護人依頼権のみならず，国選弁護人選任請求権をも保障しているのである。これらの規定を受けて，刑事訴訟法は，重大事件の被疑者にも，一定の要件の下に国選弁護人選任請求権を付与するなどし（刑訴法37条の2），弁護人依頼権の一層の拡充を図っている。
〈稲谷龍彦〉

❺経済的自由（けいざいてきじゆう） 経済的自由とは，経済活動の自由を総称したものであり，具体的には，職業選択の自由，居住・移転の自由（憲22），財産権（憲29）などがある。中世ヨーロッパの封建的支配関係においては，身分によって追求できる職業が制限された。経済的自由は，このような封建的支配を脱した近代社会に不可欠の自由として，市民革命期には絶対不可侵の権利として尊重された。しかし，現代においては，富の格差など資本主義の高度化から発生した様々な問題に対処するため，経済的自由は広く国家による規制に服すると理解されている。二重の基準論によれば，経済的自由は精神的自由よりも広汎な規制に服する（→❽）。判例も，経済活動の自由は，「精神的自由に比較して，公権力による規制の要請がつよ」いことを認めている（薬事法違憲判決）。なお，経済的自由の中には，巨大法人の経済活動の自由など，もっぱら経済的側面だけを問題にすればよいものから，個人の職業選択権など，人格権的な要素を持つものまで，様々あることには注意が必要である。 〈清水 潤〉

❻職業選択の自由（しょくぎょうせんたくのじゆう） 職業選択の自由（憲22）とは，①自己の従事すべき職業を

決定する自由を意味する。通説・判例は、職業を選択するだけではなく、②遂行する自由（営業の自由）も憲法22条1項の「職業選択の自由」に含まれるとする。遂行する自由を伴わない選択の自由は無意味だからである。職業選択の自由は、福祉国家的理念の実現のための政策的制約に広く服すると考えられるから、精神的自由に比して、より強い規制を受ける。規制の合憲性は、「合理性の基準」によって判断される。この基準によれば、立法府が行った判断に一応の合理性があることが出発点とされ、裁判所は、立法府の判断がその合理的裁量の範囲内にあるか否かだけを判断する。しかし、立法府が行使しうる合理的裁量の範囲は、規制の目的、対象、方法など、事案の性質によって変化し、審査基準の厳格度もそれによって変化する（→**237**）。例えば、人格権的価値の高い①の自由を事前に規制するような場合には、「職業の自由に対する強力な制限」として比較的厳格な審査となる（薬事法違憲判決）。　　　　　　　〈清水　潤〉

152 目的二分論（もくてきにぶんろん）　目的二分論とは、経済的自由（特に職業選択の自由）を規制する立法の審査基準を、当該立法の目的によって区別しようとする議論である。目的二分論によれば、①立法目的が治安の維持、健康に対する危険防止などの「消極的」なものであれば、裁判所は、規制手段について「同じ目的を達成できる、よ

り緩やかな規制手段」の有無を立法事実に基づいて審査する「厳格な合理性」の基準を用いる。②立法目的が経済の調和的発展などの「積極的」なものであれば、当該規制が著しく不合理であることが明白な場合に限って違憲とするという「明白性の原則」を用いる。このように、目的二分論によれば、消極目的規制は厳格に、積極目的規制は緩やかに審査される。目的二分論は小売市場判決と薬事法違憲判決によって判例上確立したと言われる。しかし、判例は目的によって規制を二分するような単純な思考は採用しておらず、規制目的は単に審査の厳格度を決定する一要素に過ぎない、との見解も有力である。　　　　　　　〈清水　潤〉

153 営業の自由（えいぎょうのじゆう）　通説・判例によれば、営業の自由とは、自己の選択した職業を遂行する自由（憲法上の人権のひとつ）を意味する。しかし、このような見解に対して、経済史学者から批判がなされ、「営業の自由論争」が展開された。経済史学者によれば、営業の自由とは人権ではなく、国家によって強制的に作出された公的な秩序の在り方を意味している。近代市民革命期以前において、様々な事業は、同業組合や国王から与えられた特許によって一定の集団や個人に独占されていた。各人は、それら独占に阻まれ、自由に営業ができなかったのである。市民革命期のヨーロッパでは、そのような独占を、国家権力を通じて

強制的に廃止し，各人が自由に競争できる秩序の形成が目指された。営業の自由とは，このような過程で実現された公序であり，国家からの自由をその本質とする人権とは異なるという。このような批判は，憲法学界の通説とはならなかったが，自由が権力によって作出されることがある，という考え方を学界の共有財産とした点において重要であった。 〈清水 潤〉

❶❺❹許可制

許可制とは，一定の活動を行うにあたって，行政庁の許可を必要とする仕組みをいう。許可とは，行政法学上の概念であり，本来自由な活動領域について，予め禁止をしておき，一定の要件を備えると，申請に基づきその禁止を行政庁が解除して，自由の回復を図るという行政行為である。例としては，飲食店営業の許可などがある。経済活動規制の仕組みとしては，許可制以外にも，国が特定人に事業を行う特権を付与する特許制（電気，ガスなど），一定の有資格者に限って当該職業につくことができるとする資格制（医師，弁護士など），行政庁の公簿に記載することを要する登録制（毒物劇物営業者など），届出を要する届出制（理容業など）などがある。判例は，「一般に許可制は，単なる職業活動の内容及び態様に対する規制を超えて，狭義における職業の選択の自由そのものに制約を課するもので，職業の自由に対する強力な制限」であるから，許可制が合理的かどうかは比較的厳格に審査する必要があるとしている（薬事法違憲判決）。

〈清水 潤〉

❶❺❺居住・移転の自由

居住・移転の自由とは，自己の居所を決定できる自由を意味する（憲22①）。現在のわれわれには，居所の選択は当然に保障された自由のように感じられるが，近代市民社会が成立する以前の封建体制下では，必ずしもそうではなかった。むしろ，人々は生産者として特定の土地に縛りつけられ，領主のために労働せざるをえない状況にあったのである。そこで現行憲法は，個人がみずからの意思で職業を選択し，それを遂行するための前提（資本主義経済の基礎的条件）として，居住・移転の自由を定めた。この点で，居住・移転の自由は経済的自由の一環として捉えられるが，同時に，人格の発展に不可欠な，他者との交流や意見交換を行うための前提にもなりうるので，精神的自由としての側面，また人身の自由としての側面も有している。したがって，その制約には，経済活動の規制立法の場合よりも厳格な審査が要請されると解されている。

〈山本龍彦〉

❶❺❻国籍離脱の自由

国籍とは，個人が特定の国家に所属することを示す資格をいい，日本国憲法22条2項は，自己の意思で国籍を喪失させる自由を認めている（国籍離脱の自由）。かつては国家に対

する永久忠誠が義務づけられ，国籍の得喪に関する自由は認められていなかったが（その意味で非任意的大結社としての国家に緊縛されていた），現行憲法は，世界人権宣言15条2項が国籍変更権を保障していることなどを受けて，明文で日本国から離脱する自由を認めた。ただし，無国籍者をつくらないというのが国際的原則であるため，国籍法上は，外国国籍の取得を日本国籍離脱の要件としている。〈山本龍彦〉

❺❼海外渡航の自由

海外渡航の自由とは，外国の受け入れを前提に，外国に渡ることを公権力によって禁止されないことをいう。通説・判例は，①日本国憲法22条2項が保障する外国へ移住する自由に加えて，②外国へ一時旅行する自由も含まれるとするが，根拠条文をどうみるかについては争いがある。①と同様，22条2項によって保障されるとするのが多数説・判例の立場であるが，②は①のような自然権的性格をもたず，22条1項によって保障されるとする見解も有力である。旅券法13条は，「著しく且つ直接に日本国の利益又は公安を害する行為を行う虞があると認められる足りる相当な理由がある者」について，外務大臣が旅券の発給を拒否できると定めているが，海外渡航の自由に対する制約として問題がある。判例は合憲としているが（帆足計事件），外国旅行の重要性を踏まえて，法令上の問題（法文の不明確性）あるいは適用上の問題（害悪発生の相当な蓋然性が存在しない場合には適用違憲の可能性がある）を指摘する見解が多い。

〈山本龍彦〉

❺❽財産権

財産権とは，所有権などの物権や債権，著作権などの無体財産権，水利権などの公法上の権利を含む，財産的価値をもつ権利の総称を指し，日本国憲法においては29条が私有財産制度（→❺❾）とともに一定の憲法的保障を与えている。29条1項は「財産権はこれを侵してはならない」と規定しているが，これはある種の美称で，18世紀末の近代憲法が前提としたような財産権の絶対不可侵性を意味するわけではない。日本国憲法は，社会国家思想を一部受容していると解されているからである。実際，同条2項は，1項の規定にもかかわらず，「財産権の内容は，……法律でこれを定める」とし，立法府による広汎な制限を予定している。同項の存在を重視すれば，財産権は法律依存的な「弱い」権利となり，その憲法的地位が否定される可能性もあるが（法律の留保型保障説），通説・判例はそのようには解しない。立法府は，2項により財産権の内容形成につき広汎な裁量を与えられるとしても，少なくとも「近代市民社会における原則的所有形態である単独所有」を実質的に侵害してはならないと解されているのである（森林法違憲判決）。単独所有の観念（一物一権主義）は，明治民法が採用し，日

本国憲法も引き続き選択・保存した「法制度」、あるいは、法律家集団の共通了解にもとづく憲法上の「ベースライン」とみなされるからである。財産権制約に対する審査基準については、いまだ判例上も学説上も定説をみないが、比例原則を基調に、当該制限が「法制度」の本質ないし「ベースライン」をどの程度侵害しているかなどを考慮してその厳格度を画定すべきとする見解が有力である（共有物分割請求権の否定のように、「単独所有」に対する侵害度が強ければ、審査基準はより厳格になる）。　　　　〈山本龍彦〉

❺私有財産制度

財産の私有を認める制度を意味し、日本国憲法では29条がこれを保障しているとされる。財産権の内容形成について29条2項が認めた広汎な立法裁量を限定する意義をもつが、これを制度的保障（→❻）として理解するかぎり、その核心が何かが問題となる。伝統的には、私有財産制度の保障と体制選択とが結びつけられ、①その核心は、生産手段の私有制すなわち資本主義制度の維持にあるとする説、②人間が人間らしい生活を営むうえで必要な物的手段（生存財産）の享有にとどまるとする説とが対立していた。①が多数説であり、これによれば、立法府は、2項によっても、生産手段を国有化するような社会主義的立法を制定することができず、それには憲法改正が要求されることになる。もっとも、現在では、このような体制選択を前提にした議論は、ドイツの正統な「制度的保障」論（法制度保障論。→❻）の読み違いであるとする批判や、これらは「大風呂敷の議論」であり、憲法解釈上ほとんど意味をなさないとする批判が強い。　　　　〈山本龍彦〉

❻特別の犠牲

日本国憲法29条3項が求める「正当な補償」（→❻）の要否を判定する基準。鉄道やダム建設といった公共事業のために土地を取り上げる行為（収用）に正当な補償が必要となることはいうまでもないが、現在では、公共事業を超えた社会公共の利益のために（たとえば自作農創設のための農地買収。この場合、特定私人が直接的受益者となることもある）、土地以外の財産権を「制限」するような場合でも、広く正当な補償が要求されると解されており、具体的にいかなる場面で当該補償が必要となるかが問題となる。特別犠牲説（通説・判例）は、①侵害行為が特定人のみを対象としているか（形式的基準）、②その侵害が受忍限度を超えるほど強度なものか（実質的基準）、③侵害の目的が消極目的か積極目的か（→❿）を考慮し、規制対象者が「特別な犠牲」を被っていると判断される場合に限り正当な補償が要求されると解する（特定人のみを対象にした積極目的規制で、かつ侵害度も強い場合には正当な補償を要する）。最近は、②のみで判断すべきとする見解も有力で

ある。なお，予防接種事故の被害を「特別の犠牲」とみなし，当該被害児に補償請求権を認めることができるか，といった論点もある。 〈山本龍彦〉

⓯ 正当な補償（せいとうなほしょう） 私有財産を公共のために用いる場合（→⓯）に，被収用者等の規制対象者に補償すべき内容（憲29③）。どの程度の補償が「正当な」ものとして要求されるかについては，従来，①当該財産の市場価格を全額補償すべきとする完全補償説と，②当該財産について合理的に算出された相当な額であれば市場価格を下回ってもよいとする相当補償説とが対立してきた。学説は概ね①説を支持する。①説のなかには，生活を再建するための生活権補償が含まれるとする見解もあり，有力である。判例は，土地収用法上の損失補償に関する最判昭48・10・18において，農地改革事件で示された②説の立場を改め，①説を支持するに至ったが，その後，やはり土地収用に関する平成14・6・11で再び②説へのコミットを示唆しており，両者の整合性が問題とされている。

〈山本龍彦〉

⓰ 社会権（しゃかいけん） 社会権とは，実質的平等を求めて，国家に対して一定の積極的な行為を請求する権利（作為請求権）の総称名（カテゴリー名）である。積極的権利，社会的・経済的弱者のための権利ともいわれる。具体的には，日本国憲法では，25条の生存権，26条の教育を受ける権利，27条の勤労の権利，28条の労働基本権が社会権に該当する。社会権は，その権利内容が実現されるためには，憲法上規定されるのみでは足りず，法律による具体化を必要とする。しかし，その法律による具体化をするか否かは立法府に委ねられ，具体化をしないからといって直ちに違憲となるわけではない。そのために，一般的には，社会権の裁判規範性は，自由権の裁判規範性よりも弱いといわれる。もっとも，社会権に分類される権利であっても，自由権的側面も多くの場合伴うことには注意が必要である。 〈山本まゆこ〉

⓱ 生存権（せいぞんけん） 生存権とは，憲法25条1項が規定する「健康で文化的な最低限度の生活を営む権利」のことを一般に指し，社会権の一つとされる。生存権の内容は，何が「健康で文化的な最低限度の生活」に該当するのかを前もって決定することは難しいため，「健康で文化的な最低限度の生活」水準は，（客観的には確定しえないとする立場はもとより）ある程度客観的に確定できるとする立場にたっても，画一的に決まるわけではない。しかし，生存権に対応する法制度を整備することは，25条2項によって国家に対して義務として課されており，現在は，生活保護法，国民年金法，公衆衛生法などの各種社会福祉・社会保障法制度，公衆衛生のための法制度がつくられている。生存権の法的性格をめぐっては，プログラム規定説，抽象的権

利説，具体的権利説という解釈上の争いがあるが，各種法制度が存在している状況下においては，法的性格をめぐる議論は実益がないといわれることがある。　　　　　　〈山本まゆこ〉

❶❻❹プログラム規定（きてい）

プログラム規定とは，憲法上の規定ではあっても，国家に対する政治的・道義的目標や指針を示すプログラム（予定，計画）に過ぎず，法的効力を一切持たない規定のことをいう。ある憲法上の規定がプログラム規定とされれば，その規定は法的効力を持たないことになり，憲法上の規定であっても憲法規範性が完全に失われることから，理論上は，その規定に関する違憲性の問題は一切生じないことになる。日本においては，憲法25条の生存権の法的性格を論ずる際の一つの立場であるプログラム規定説として，言及されることが多い。生存権をプログラム規定と捉える説（プログラム規定説）は，25条は国民の生存を確保すべき政治的・道義的義務を国に課したにとどまり，憲法上の文言が「権利を有する」と規定していても，それは個々の国民に対して具体的権利を保障しているものではないと主張する。〈山本まゆこ〉

❶❻❺具体的権利（ぐたいてきけんり）

具体的権利とは，法律による具体化を必要とする憲法上の規定であっても，憲法上の規定のみを根拠に，憲法上の権利規定の内容の実現を，主に公権力に対して請求することができる権利のことをいう。日本においては，憲法25条の生存権の法的性格を論ずる際の一つの立場である具体的権利説として，言及されることが多い。生存権を具体的権利と捉える説（具体的権利説）は，25条1項の内容は行政権が直接にこの規範を執行できるほど明確ではないが，立法権と司法権が直接現実に執行できる程度には十分明確であるとして，25条は具体的な法的権利であると主張している。もっとも，具体的権利説は立法不作為の違憲確認判決のみを認め，具体的給付請求までは認めていない。これに対して，近年では，いわば文字通りの具体的権利説として一定の場合に給付判決を認める見解も存する。

〈山本まゆこ〉

❶❻❻抽象的権利（ちゅうしょうてきけんり）

抽象的権利とは，法律による具体化を必要とする憲法上の規定であって，憲法上の規定のみを根拠に，憲法上の権利規定の内容の実現を，主に公権力に対して請求することができない権利のことをいう。憲法上の規定のみでは具体的な権利ではなく，法律による具体化をまって具体的な権利になることから，抽象的権利説とよばれる。日本においては，憲法25条の生存権の法的性格を論ずる際の一つの立場である抽象的権利説として，言及されることが多い。今日の通説的見解とされる，生存権を抽象的権利と捉える説（抽象的権利説）によれば，生存権はそれを具体化する法律によってはじめて具体的

な権利となり，そのような法律がある場合には25条違反を争えるが，そのような法律がない場合には25条を直接の根拠にして国の立法不作為の違憲性を争うことはできない。〈山本まゆこ〉

❶❻❼ 教育を受ける権利（きょういくをうけるけんり）

教育を受ける権利（憲26①）は，かつては教育の機会均等を実現するための経済的配慮を国家に対して要求する権利として捉えられてきたが，今日では，子どもの学習権を中心にして捉えられている。子どもの教育を受ける権利に対応して，子どもに教育を受けさせる義務は第一次的には親権者が負うことが憲法26条2項で示されている。教育の自由は憲法上の明文規定はないが，13条，23条，26条等を根拠に憲法上保障された自由であるとされる。教育の自由は，親権者の教育の自由，教師の教育の自由として語られるが，両者とも子どもの学習権に対応する責務としての限度を超えないことが求められる。教育権とは具体的教育内容を決定又は実施する権能とされる。教育権の所在につき，国家教育権説と国民教育権説の対立が存在したが，旭川学テ最高裁判決は国家が「必要かつ相当な」範囲における教育権を有することを示し，そのどちらでもないことを示した。〈山本まゆこ〉

❶❻❽ 学習権（がくしゅうけん）

学習権とは，子どもが教育を受けて学習し，人間的に発達・成長していく権利とされる。教育を受ける権利の中心的内容であり，判例上もその存在が認められている。例えば，第2次教科書訴訟杉本地裁判決は，「自ら学習し，事物を知り，これによって自らを成長させることが子どもの生来的権利であり，このような子どもの学習する権利を保障するために教育を授けることは国民的課題である」と述べている。また，旭川学テ最高裁判決は，「この規定〔憲法26条〕の背後には，国民各自が，…成長，発達し，自己の人格を完成，実現するために必要な学習をする固有の権利を有すること，特に，…子どもは，その学習要求を充足するための教育を自己に施すことを大人一般に対して要求する権利を有するとの観念が存在している」と述べ，憲法26条（教育を受ける権利）の背後には，学習権という観念が存在していることを示している。〈山本まゆこ〉

❶❻❾ 労働基本権（ろうどうきほんけん）

労働基本権とは，一般に憲法28条が規定する勤労者の団結権，団体交渉権，団体行動権（争議権）のこと（労働三権）をいう。労働三権に加えて，憲法27条が規定する勤労の権利も含めて用いられることもある。労働基本権は社会権の一つとされるが，歴史的経緯に照らせば，国家権力からの自由，特に刑罰権からの自由を求める自由権的側面が強い。たとえば，労働組合法1条2項は，正当な争議行為の刑事免責を定めている。また労働基本権を定める憲法28条は，私人間の関係にも直接適

用され、使用者との関係においても、正当な争議行為は損害賠償などの理由とされず、民事責任が免除される（労働組合法8条参照）。もっとも、公務員の労働基本権については、法律により様々な制約が課せられている。

〈山本まゆこ〉

⑰団結権（だんけつけん）

団結権とは、憲法28条に規定され、労働者が適正な労働条件を維持、改善することを目的として使用者と交渉するための団体を結成し、またはそれに加入し、自主的に運営する権利をいう。ここにいう「団体」とは、一般的には労働組合をさすが、一時的な団体も含まれる。憲法21条1項の結社の自由によっても団結権は保障されるが、憲法28条による団結権の保障は、特に労働者の権利として労働組合を結成することの保障を念頭においている。団結権の保障の意義は、労働者が団結権の行使により交渉力を強化し、使用者とより対等な立場で交渉することを促す点にあり、一定程度の加入・団結の強制が認められる。しかし、労働組合への未加入・組合からの脱退、除名による解雇（ユニオン・ショップ）につき、判例は、「労働者の組合選択の自由及び他の労働組合の団結権を侵害する場合には許されない」（最判平元・12・14）としている。

〈山本まゆこ〉

⑰団体交渉権（だんたいこうしょうけん）

団体交渉権とは、憲法28条に規定され、労働者個人ではなく、労働者の団体が、賃金などの労働条件などについて、使用者と交渉する権利をいう。団体交渉権の保障の意義は、労働者が団体として交渉することにより、使用者とより対等な立場で交渉することを促す点にある。使用者は、正当な理由なしに、団体交渉を拒むことはできない。正当な理由なしに、団体交渉を拒んだ場合には不当労働行為になり、その場合は労働委員会による救済が認められる（労働組合法27条参照）。団体交渉の結果、合意に達した事項について締結されるのが労働協約（労働組合法14条）であり、労働協約は法的拘束力を有する。そのため、労働協約に反する労働契約の部分は無効となる（労働組合法16条）。正当な団体交渉に基づいて生じた刑事上の責任は免責され（労働組合法1条2項）、民事免責も認められている（労働組合法8条）。

〈山本まゆこ〉

⑰争議権（そうぎけん）

争議権とは、労働者の団体が使用者との交渉で有利な労働条件の実現を図るために、争議行為を行う権利をいう。憲法28条の「団体行動をする権利」の中心的なものであり、団体行動権ともいわれる。争議行為の例としては、ストライキ（同盟罷業）が典型的であるが、怠業、ピケッティングなどが含まれる（労働関係調整法7条参照）。正当な争議行為に対しては、刑事免責が認められ、民事免責も認められている（労働組合法1条2項、8条参照）。正当な争議

行為か否かは目的や手段の正当性に照らして判断される。目的に関しては、いわゆる政治ストが問題となる。手段に関しては、例えば山田鋼業事件において、裁判所は、いわゆる「生産管理」（使用者の指揮命令を全面的に排除して労働組合ないし労働者の団体の管理下で生産を行なうこと）は使用者の財産権侵害に当たるとして、正当な争議行為として認めていない。

〈山本まゆこ〉

ⓘ参政権（さんせいけん）

参政権とは、国民や住民が国政あるいは地方政治に能動的に参加することができる権利のことをいう。参政権には、①選挙権、②被選挙権（以上、狭義の参政権）のほか、③国民評決、④住民投票、⑤公務就任権、⑥請願権（以上、広義の参政権）などが含まれる。以上のうち、③、④、⑤は、国民や住民が国家や地方の意思形成に直接的に参加することになるので、これらを直接的参政権という。他方、①については、それらでの意思形成そのものには参加しないことから、間接的参政権という。参政権は、自由権などと異なり、その担い手を日本国民のみとすべきかどうかが問題とされる。これについて国政レベルの狭義の参政権の行使は国民に限るべきとする考え方が通説的見解である。他方、地方レベルのそれについては一定の在留資格のある外国人などにも認めるべきとする意見も有力である。また⑤や⑥については、外国人の行使を承認する場合が見られる。〈新井　誠〉

ⓘ選挙権／被選挙権（せんきょけん／ひせんきょけん）

選挙権とは、国民や住民が国政あるいは地方政治における一定の公職者（前者として国会議員、後者として都道府県知事、市町村長、各地方議会議員）を選出する権利のことをいう。憲法15条1項は公務員の選定罷免権を認め、また同条3項は成年者による普通選挙を規定する。選挙権の法的性格をめぐっては、権利としての性格と公務としての性格があると観念され、学説では権利・公務二元説と権利一元説が有力である。被選挙権とは、国民や住民が国政あるいは地方自治における一定の公職者についての当選人の地位に就くことができる権利のことをいう。被選挙権を「立候補する権利」と理解すべきか否かが問題となるが、これには憲法上の明示規定はないものの、一般的には憲法15条1項、44条を根拠に認める見解が多い。被選挙権については一定の立候補制限を法律上認める場合が見られるが、その制約を無限定に認めることはできない。

〈新井　誠〉

ⓘ在外国民の選挙権（ざいがいこくみんのせんきょけん）

在外国民の選挙権とは、日本国籍を有する海外居住者の選挙権のことをいう。かつての公職選挙法には、選挙権行使に関して日本国内での居住要件が課されており（公選法旧42条1項）、その行使は住民基本台帳に記録されている者に必然的に限られた

(同21条)。後に1998年の公選法改正では、「在外選挙人名簿」の概念が導入され、衆参両院議員の比例代表選挙の投票が認められるようになった。もっとも同選挙区選挙はその後もなお制限されていた。これについて2005年に最高裁大法廷判決は、(衆議院の) 選挙区選挙において在外国民が選挙ができない状況になっていることは、選挙権の侵害であるとして、公選法における制限規定を違憲とし、またそのときに至るまで国会が法改正をしなかったことは怠慢であるとして、立法不作為の国家賠償請求を認めた (最大判平17・9・14)。これを受けて現在では、在外国民の国政選挙権の行使は全て認められるようになった。　〈新井　誠〉

⓰比例代表制(ひれいだいひょうせい)

比例代表制とは、政党への投票をベースとした選挙制度であり、候補者届出政党名等を投票用紙に記載し、その得票総数に比例して各党の当選者数を決定するシステムである。この方式は、投票が少数であった政党にも一定の議席が配分され、投票者の投票意思が議席に忠実に反映されやすいといった点が長所とされる。他方で小党が多数乱立し、決定的な多数政党が存在しづらくなり、磐石な政権基盤を形成しづらいという点が短所とされる。日本の国政選挙の場合、選挙区選挙に加え、衆議院では全国を11ブロックに分けて実施される拘束名簿式比例代表制 (有権者が政党名を投票し、政党ごとにあらかじめ決定された名簿順位の上位から当選者を決定する制度) が採用される。他方、参議院では全国を1つの選挙区とする非拘束名簿式比例代表制 (有権者が政党名あるいは名簿登載者の氏名を書き、投票の多かった人から当選者が決まる制度) が採用される。

〈新井　誠〉

⓱国務請求権(こくむせいきゅうけん)

国務請求権とは、国家の積極的な行為を要求する権利を指す総称で、国務要求権ともいう。かつては受益権と言われることもあったが、権利主体である国民の主体的な地位を強調する趣旨から、現在では国務請求 (要求) 権と称されることが多い。日本国憲法は国務請求権として、請願権 (憲16)、裁判を受ける権利 (憲32)、国家賠償請求権 (憲17)、刑事補償請求権 (憲40) 等を定めているが、これらの権利の多くは近代憲法の制定以来、自由権の保障とともに18世紀末～19世紀の「自由国家」観の下で全ての国民に保障されてきたものであり、自由権の保障を支える役割を果たしてきた。国家による積極的な行為を要求し利益を受ける権利という点では社会権と共通点をもつが、社会権が20世紀以降の現代憲法の下で「社会国家」観を基礎とした経済的・社会的弱者の保護を目的に実質的自由・平等を保障している点で、両者の歴史的背景と法的性質は異なる。

〈青柳卓弥〉

❶⓻❽ 国家賠償

国家賠償とは，国や地方公共団体等の公権力による違法な行為によって国民の権利が侵害された場合，国家の不法行為責任を認めて私人の損害を賠償することをいう。20世紀以降の行政国家現象の進展に伴い，公権力の行使が多様化し，国家賠償と，公権力による適法な行為に対する損失補償（狭義の「国家補償」）の概念が相対化し区別が難しくなったことから，両者を広義の「国家補償」と称することもある。近世以降のヨーロッパ諸国の憲法と同様に帝国憲法下では「国王は悪をなしえず」とする国家無答責の原則に従い，公権力の行使に基づく損害に対して国・公務員は不法行為責任を負わないものとされていたが，日本国憲法は公権力の行使に基づく損害に対する賠償責任を認める形で国家賠償請求権（憲17）を明定し，その具体的要件は国家賠償法で定めている。なお，狭義の「国家補償」について日本国憲法は，財産権の公的収用に対する「正当な補償」（憲29③），刑事補償請求権（憲40）を規定している。 〈青柳卓弥〉

❶⓻❾ 裁判を受ける権利

裁判を受ける権利とは，国民・外国人を問わず全ての者が行政権・立法権等の政治権力から独立した裁判所において，権利・自由の救済を求めて公平な裁判を受けることができる権利をいう。日本国憲法は32条で「何人も，裁判所において裁判を受ける権利を奪われない」と定めているが，そこから上記の趣旨に従い，裁判所の独立（憲76③），特別裁判所の禁止（憲76②），公開裁判の原則（憲82①）等の規定が導き出される。裁判を受ける権利は，民事・行政事件では裁判拒絶の禁止という意味で国務請求権の一例という側面をもつが，民事事件ではさらに，裁判所の裁判を受けずに義務を課されることはないという意味で自由権的側面を併せもつ。また，刑事事件では裁判所の裁判を受けずに刑罰を科されることはないという意味で刑事手続の保障（人身の自由）という側面を有する。 〈青柳卓弥〉

❶⓼⓿ 傍聴の自由

傍聴の自由とは，訴訟当事者・関係者以外の一般国民が広く裁判を傍聴できることをいう。日本国憲法は「裁判の対審及び判決は，公開法廷でこれを行ふ」（憲82②）と公開裁判の原則を定め，さらに刑事事件については「被告人は，公平な裁判所の迅速な公開裁判を受ける権利を有する」（憲37①）と規定し，これを権利の面からも保障している。これらは，秘密裁判による恣意性を排し公正な裁判の実施を担保し，国民の司法への信頼を確保するためのものであり，近代裁判の大原則ともいえるものである。もっとも，例外的に裁判官の全員一致で「公序良俗」を害するおそれがあると認められた場合には，対審の公開を停止することができるとされているが（憲82②），政

治犯罪，出版に関する犯罪，基本的人権の侵害が問題となっている事件の場合は公開を停止できないものとされている（憲82②但書）。最高裁は法廷メモ訴訟において，憲法82条について傍聴する権利や傍聴人が法廷でメモを取る権利まで保障したものではないとしつつ，表現の自由（憲21①）に照らして，メモ採取は尊重に値するものと判示した。

〈青柳卓弥〉

❶❽❶情報公開請求権

情報公開請求権とは，主権者である国民が「知る権利」に基づいて行政機関の保有する情報の開示を請求する権利のことをいう。現代の高度情報化社会では情報の送り手と受け手が，マス・メディアと一般国民との間で分離してしまっている。そこで国民が有権者として適切な政治判断を行なうためには，情報の送り手の情報伝達の自由を表現の自由（憲21①）として憲法上保障するだけでなく，国民がマス・メディアの報道する情報を不当な干渉を受けることなく受領する自由である「知る自由」（自由権的側面）を保障し，さらに国民がより積極的に行政保有情報の開示を請求することができるように「知る権利」（請求権的側面）を保障する必要があるとされる（「表現の自由」の現代的再構成）。その際，「知る権利」は請求権的権利であるから，憲法上は抽象的権利であり具体的な立法措置を取らなければ裁判規範性を有しないとされる。日本では1980年代以降各地方自治体で情報公開条例が，1999年には国レベルの情報公開法が制定され，開示請求権が法定された。

〈青柳卓弥〉

❶❽❷請願権

請願権とは国・地方公共団体の機関に対して国務や公務に関して希望を述べることができる権利をいう。日本国憲法は，損害の救済，公務員の罷免，法律の制定・改廃等について平穏に請願する権利を保障すると同時に，それを理由として差別待遇を受けないことを保障している（憲16）。請願法は請願を受けた機関は，それを誠実に処理しなければならないと規定するが，受理した請願を実施する法的義務はない。請願権は国務請求権の一種とされるが，そもそも歴史的には，国民が政治的意思を表明することが認められていなかった絶対王政下において参政権の代替的役割を果たしていた。その後，国王への請願を契機としてフランス革命が進展した経緯から「人権宣言」に請願権が規定されると，制限選挙制の下で参政権の補完的役割を果たすようになったが，議会政治の発展とともに普通選挙制が実施され民主主義が定着するに至り，その役割は低下していった。

〈青柳卓弥〉

❶❽❸勤労の義務

勤労の義務とは，働く能力のある者は勤労によって自己の生活を維持すべきであるという訓示的要請のことをいう。憲法27条は，「すべて国民は，勤労の

権利を有し、義務を負う」と定め、勤労の権利を保障するとともに、勤労の義務を定めている。勤労の義務は、教育や納税と並ぶ日本国民の三大義務の1つとされる。もっとも、勤労の義務は、国家が国民に対して勤労を強制するという法的意味を有するわけではない。ただ、まったく法的意味がないわけではなく、他の権利義務と連動することで規範的意味を導き出すことができるのではないかという指摘もある。たとえば、勤労の義務は働くことを強制するわけではないが、働く能力があるにもかかわらず働かない者に対してまで社会的給付を行う必要はないことを要請するというアプローチである。ただし、この見解には社会権と勤労の義務は別問題ではないかという批判もある。〈大林啓吾〉

184 納税の義務

納税の義務とは、国家を運営するのに必要な費用を国民が税金として納める義務のことをいう。国や地方公共団体が公共サービスを提供するためには、その費用を調達しなければならない。そこで、憲法30条は、「国民は、法律の定めるところにより、納税の義務を負う」と定め、国民から税金という形で金銭を徴収することでその費用をまかなうシステムを採用したのである。納税の義務は、国家の存立上不可欠なものであるため、強制的に履行させることが可能である。その強制は、行政法上、強制徴収といわれる方法で行われる。一般的には、納税の通知や督促がなされても納税しない場合に、財産が差し押さえられ、それを公売によって金銭に換えるというプロセスで行われる。このように、納税の義務は強制的性格を有するものであるため、法律によらなければならず、憲法84条の租税法律主義がここでも確認されている。

〈大林啓吾〉

185 権力分立(三権分立)

権力分立(けんりょくぶんりつ)(三権分立(さんけんぶんりつ))とは，国家権力を分割して別々の機関に割り当て，抑制と均衡の仕組みを設けることによって，国家権力の集中を防ぐことをいう。具体的には，権力を立法・司法・執行(行政)に分ける「三権分立」が基本形とされる。国家権力を1つの機関に集中させてしまうと，権力が腐敗し専制国家に陥りやすい。そこで，権力を性質・作用に応じて分割して別々の機関に担当させ，相互に抑制・均衡の関係を設定し，国家権力の専横から人権を守る必要があるのである。こうした権力分立のシステムは，古くは王政から議会制へと転換する17世紀中盤にロックやモンテスキューによってその必要性が説かれ，現代立憲国家においても不可欠な制度となっている。アメリカを代表とする大統領制をとる国では各機関の独立性を重視して権力分立を厳格に捉える傾向にあるのに対し，日本のような議院内閣制をとる国では，国会と内閣が協力的関係に立ちながら，柔軟に権力分立を維持する傾向にある。　〈大林啓吾〉

186 議院内閣制

議院内閣制(ぎいんないかくせい)とは，政府と議会が分離し，政府が議会に対して責任を負っている制度のことをいう。執行権(行政権)と立法権が分立し，執行権(行政権)を有する内閣が立法権を有する国会に責任を負っている日本のシステムは，まさに議院内閣制といえる。ただ，議院内閣制といっても，その形態はいくつかあり，一元型議院内閣制と二元型議院内閣制とに大別される。内閣が実質的に単一の権力主体に従属する場合が一元型で，内閣が君主と議会の両方に責任を負うのが二元型である。日本の場合，内閣総理大臣は国会議員の中から国会の議決によって指名され，内閣は執行権(行政権)の行使について国会に連帯して責任を負っていることから，一元型をとっている。

〈大林啓吾〉

187 ディパートメンタリズム

ディパートメンタリズムとは，三権が同等に憲法解釈権限を有することをいう。司法府が憲法解釈の最終的権威であるとみなす司法優越主義との対立場面で用いられることが多い。近年，アメリカの連邦最高裁が司法優越主義を唱え始めたことから，それに対抗する形で政治部門がディパートメンタリズムを主張している。ディパートメンタリズムは，司法府を憲法解釈の最終的権威とみなすと，司法府が憲法典を変更できることになってしまうことを問題視する。そこで，「憲法典」と「憲法」を区別し，憲法典によって憲法上の権限を与えられた三権は，各々同等の憲法解釈権を有すると考えることで，憲法典が1つの機関の判断によって変更されないようにすべきであるとする。したがって，ディパートメンタリズムは憲法の最高法規性や権力分立原理か

ら導き出されるもので，三権の共同と競合によって憲法価値が実現されていくと考える。　　　　　　〈大林啓吾〉

⓵⓼⓼国会 国会とは，国民の代表として選出された議員から構成される，立法権を持った国家機関である。通常は民選の議員からなる議院によって構成されるため，国会は間接民主制ないし代表民主制にとって中心的な役割を担う。日本国憲法においては，国会は「国権の最高機関」，「唯一の立法機関」そして「代表機関」と位置付けられている（憲41，43）。憲法上，国会には，憲法改正発議権（憲96），法律案議決権（憲59），条約承認権（憲61，71三），内閣総理大臣の指名権（憲67），財政監督権（憲8，60，7章），弾劾裁判所設置権（憲64）といった権能が与えられている。さらに様々な法律に基づき国会の議決による承認等を行う（自衛隊法76条の防衛出動の国会承認など）。国会の活動は，常会，臨時会および特別会という三種類の会期を通して行われるが（憲52，53，54①），会期のそれぞれも会期の種類に関わらず通しで「第〇回国会」と呼ばれている。　　　〈岩切大地〉

⓵⓼⓽立法権 立法権とは，法規範を定立する権能をいう。憲法41条は立法権が国会に属すると規定しているが，ここにいう「立法」とは，国会が法律という法形式で法を制定する権限という意味（形式的意味の立法）ではなく，一般性抽象性という特質を持った法規範を定立する権限という意味（実質的意味の立法）であると解されている。

実質的意味の立法については，立法を法規の定立とする考え方がある。この法規とは，国民の自由や権利についての法規範を指す。この場合，国民の権利を制限したり義務を課したりする法規範は国会が制定しなければならないことを意味する。この考え方は，内閣法11条にも反映されている。しかし，国会が代表民主制の中心的機関であることから，国会の有する立法権は，より広く解されるべきではないか，との批判がある。

一般性抽象性の要件に関しては，個別具体的な事案を処理する措置法律の制定が許されるかという問題があるが，平等原則や権力分立に反しない限り許されるとされている。　　〈岩切大地〉

⓵⓽⓪全国民の代表 憲法43条1項は，「両議院は，全国民を代表する選挙された議員でこれを組織する」と定めている。全国民の代表とは，両議院議員ないし国会と国民との関係を示す言葉であり，議員は特定の部分選挙民の指示に拘束されず独立して，特定の選出母体・集団のために行動するのではなく全国民のために職務を行う存在である，ということを意味する。近代議会が政治の中心の地位を占めることができたのは，議会が身分団体などの特殊利益のみを代表するのではなく，国民全体を代表する

という性格を得てきたからであり，日本国憲法における国会もこのような性格を引き継いでいる。

全国民の代表という考え方と衝突しうるのが政党の存在である。たとえば政党による党議拘束や，比例代表選出議員の党籍離脱により議員資格を剥奪すること，などの合憲性が問題となる。なお，2000年の国会法・公選法改正により，一定の場合に党籍離脱した比例代表選出議員の議員資格は失われることとなった（国会法109条の2，公選法99条の2第1項，第6項）。

〈岩切大地〉

❶⓽❶ 半代表（はんだいひょう）

半代表とは，治者と被治者との関係について，純粋代表と直接民主制との中間に位置付けられる統治機構のあり方である。直接民主制とは，時々の国民（人民）がそのまま統治権を有する機関であるという，治者と被治者の自同性がある統治機構の仕組みをいう。これに対して，純粋代表とは，代表者である治者は代表される国民全体から独立した存在であり，代表者は代表される者に代わって政治的意思決定を行うという仕組みをいう。半代表は，純粋代表のように代表者と代表される者とを区別して，法的には議員が独立して職務を行うことを前提としつつ，議員は現に存在する選挙民の意思に事実上拘束される，という仕組みを指す。具体的に半代表制の下では，普通選挙制や議員のリコール制がとられることとなる。

日本国憲法は，基本的には純粋代表制を採用しつつも，憲法15条で普通選挙制を導入し公務員の選定罷免権を規定していることから，半代表制的な性質も持ち合わせている，とされる。

〈岩切大地〉

❶⓽❷ 政治的意味の代表（せいじてきいみ だいひょう）

政治的意味の代表とは，代表という言葉を代理などの法的意味で捉えるのではなく，国会が国民の意思から独立しつつ国民の意思を反映する機関である，とする考え方である。この考え方の下では，国会・議員は一部選挙民ではなく全国民のために独自の判断で行動し，議員は一部選挙民の指示を受けないこと（命令委任の禁止）になる。このため，国会・議員は，国民の間にある多様な意思に関わらず，独自に政治的意思決定を行うことができる。他方で言い換えれば，この考え方の背後にはエリート主義と国民不信があるともいえる。

そこで，国会をより民主主義的な機関とするために，国会は，現に国民の間に存在している多様な意思を正確に反映するように構成されることが望ましい，と考えられるようになる。この場合の代表のことを「社会的意味の代表」という（これは，半代表の考え方とほぼ同じものだとされる）。

日本国憲法は，政治的意味の代表を基本としつつ，社会的意味の代表の要素を含んだものと考えられている。

〈岩切大地〉

⓭自由委任／命令委任
（じゆういにん／めいれいいにん）

自由委任とは，近代議会制の下での議員と選挙民との関係を示す言葉で，議員は選挙民の指示に拘束されず自由に行動する，ということを意味する。自由委任は近代議会制にとっての基本原理である。

自由委任の反対概念は命令委任である。命令委任は，議員が選出母体から審議や表決などについて指示・拘束を受け，これに従わない場合に議員は罷免される，という仕組みを意味する。中世ヨーロッパの身分制議会では，選出母体である各都市・地方の市民と代表との関係は命令委任であった。中世においては，国王による政治的意思決定が原則であり，議会は国王を補助する存在にすぎなかったので，議員は各地方や選出母体の利益を中央に伝達する役割を担った。しかし近代には主権国家システムが登場し，議会は国家を構成する国民全体の代表と位置付けられるようになり，議会が国会の一体性を体現するようになると，自由委任（命令委任の禁止）が原則となった。
〈岩切大地〉

⓮国権の最高機関
（こっけんのさいこうきかん）

憲法41条は国会に「国権の最高機関」という地位を与えている。この用語が何を意味するかについては争いがあるが，おおむね，この用語に法的意味はないとする考え方と，法的意味を与えるべきだとする考え方とに分かれる。

通説は，国権の最高機関とは単なる政治的美称にすぎず，特段の法的意味はない，とする（政治的美称説）。これは，日本国憲法の全体をみると，国会（衆議院）は内閣による解散によって影響を受けるし，国会の制定した法律も裁判所の違憲審査権に服することになっているわけで，内閣や裁判所と比べて国会に特別な「最高機関」としての権限を与えることはできず，最高機関と呼ばれるのは，国会が最も民主的正統性を有する機関であるということを示すに過ぎない，と考える。

他方で，最高機関にふさわしい権限を国会に認める考え方もある（総合調整機能説）。これは，最高機関規定が国会に国政全般を調整する機能を付与すると考える学説であり，これも有力である。
〈岩切大地〉

⓯唯一の立法機関
（ゆいいつのりっぽうきかん）

唯一の立法機関は，「国会中心立法の原則」と「国会単独立法の原則」を意味する。国会中心立法の原則は，実質的意味の立法を行えるのは国会のみであるという，国会による立法権の独占を意味する。国会単独立法の原則は，国会の行為のみで法律が成立するという，国会の立法過程の自律を意味する。

前者は，明治憲法の独立命令といった法律に根拠のない行政命令を禁止する趣旨である。ただし，日本国憲法はこの原則の例外として，議院規則と最高裁判所規則といった国会以外の機関

による立法を認めている。また、法律の委任があれば行政立法は許される。

後者は、明治憲法のように天皇の裁可によって法律が成立するという仕組みを否定する趣旨である。ただし、国会単独立法の原則の憲法上の例外として、地方特別法の住民投票がある（憲95）。また、内閣の法案提出権は、国会による法案修正・否決などの判断を妨げるものではないから、国会単独立法の原則に反するものではないとされている。　　　　　　　　〈岩切大地〉

⓰委任立法（いにんりっぽう）

委任立法とは、法律の委任により、法律の範囲内で、行政機関等の国会以外の機関が立法を行うこと、またはそのように制定された法令をいう。本来立法権は国会のみが行使すべきであるが、行政国家化現象に伴い、行政の専門的技術的な事項や、事情の変化に柔軟に対応できることの必要性などが生じたため、行政機関による委任立法を認める例が増加している。

日本国憲法は73条六号但書で委任立法が可能であることを前提としているが、しかし原則として立法権は唯一の立法機関である国会が独占すべきである。委任を認めるにしても国会が基本的決定を行っている必要がある。したがって、法律による委任は白紙委任であってはならず個別具体的なものであるべきこと、そして行政機関は委任された範囲内でのみ立法を行うべきことが求められることとなる。

なお猿払事件では、国家公務員に禁止される政治的行為の定義を人事院規則に委任するのは白紙委任ではないかと問題となったが、最高裁はこれを合憲とした。　　　　　　　　〈岩切大地〉

⓱一院制（いちいんせい）／二院制（にいんせい）

国会を構成する議院が一つの場合を一院制、二つの場合を二院制という。日本国憲法では、国会は衆議院と参議院とから構成されるので、二院制がとられている。一院制をとる国として韓国やニュージーランドなどが挙げられ、二院制をとる外国例としてアメリカ、イギリス、フランス、ドイツなどが挙げられる。第二院の性質を外国例からは、貴族院型、連邦型、または民主的第二次院の三種類の第二院のあり方を見ることができるが、日本は三番目の類型に属する。二院制をとるメリットとして、国会の権力分立による専制の防止すること、慎重な審議を期待できること、多様な民意を反映させる機会を増やせること、などが挙げられている。

両院の関係には、対等型と非対等型とがあるが、日本国憲法は一定の場合（予算の議決、条約の承認、内閣総理大臣の指名）に衆議院の優越を定めている。しかし、この他の場合についてはほぼ対等である（たとえば憲法改正の発議における両院関係）。

〈岩切大地〉

⓲議院規則（ぎいんきそく）

議院規則とは、国会における各議院が、それ

それの議院における単独の議決により，院内の内部規律や議事手続について自ら制定する規則のことをいう。議院規則の制定は，各議院に認められた議院自律権の1つとされ，日本国憲法にもそのことについて確認されている（憲58②）。衆議院には「衆議院規則」，参議院には「参議院規則」という名称をもった法文化された規則が存在している。議院規則は議院の内部事項を定めるものであることからも正式な公布はないものの，官報などに掲載され国民に周知される。なお両院制のもとでは，両議院の協働を必要とする議事手続規定が必要な部分もあることから，共同の規則をもつことも可能である。その例としては，両院協議会規程（昭22・7・22・官報）などがある。議院規則と国会法の関係については，本書，議院規則制定権の項を参照のこと。

〈新井　誠〉

⓫国会議員（こっかいぎいん）

国会議員とは，国の議会である「国会」の構成員のことをいう。日本では，衆議院議員と参議院議員をあわせて国会議員と呼ぶ。国会議員は，憲法上，同時に両議院の議員となることはできず，また法律上，普通地方公共団体の議会の議員や首長，国や地方公共団体の公務員との兼職ができない。国会議員は，その議員の所属する議院が権限を持つ議員の資格争訟の裁判により，その身分を喪失する場合があるが，こうした資格争訟裁判はこれまで開かれたことはない。一方で，議院内における懲罰である除名などの手続でその地位を失う場合もある。国会議員は，所属する各議院や国会の活動に参加することができ，議案の発議権，動議の提出権に加え，質問や質疑，討論，表決を行なう権能を有している。さらに国会議員には，「全国民代表」としての権能を行使する必要があることからも，免責特権，不逮捕特権，歳費を受ける権利といった特典が認められる。

〈新井　誠〉

⓬不逮捕特権（ふたいほとっけん）

不逮捕特権とは，国会議員が逮捕されない特典のことをいう。日本国憲法では，国会の会期中に逮捕されないことが原則とされる。歴史的に見て国会議員は，政治的職務を負う関係上，時の政府や政敵からその地位の簒奪や身柄の拘束を受ける可能性が非常に高いとされてきた。こうしたことから憲法は，国民の代表者である国会議員が不当に拘束されずに職務遂行でき，ひいては各議院の運営が妨げられないようにするためにこの規定を設けた。とはいえ，こうした特典の付与は，一般市民との関係で不公平なものになる可能性もあり，一定の留保がつけられている場合も多い。日本国憲法では，現行犯と「法律の定める場合」の逮捕を予定し，現行犯以外での逮捕として，国会法で議院による議員逮捕許諾がある場合の会期中の逮捕を規定している。なお，この議員逮捕許諾をめぐっては，そこに期

ⓦ免責特権
めんせきとっけん

免責特権とは，国会議員が議院内における正当な職務行為の中で行った発言や表決について，議院の外での法的な責任が免除される特典のことをいう。免責特権をめぐっては，国会議員に対する外部からの政治的介入を防ぎ議員の自由な発言や表決を保障することにその本質があるとする考え方（「議員の特権」論）と，国会議員の所属する議院の正常な運営を保持することで会議体としての議院を守ることにあるとする考え方（「議院の特権」論）とがあり，これら両方の性質があると通常認識される。日本国憲法の解釈では，免責される対象人物は国会議員のみであり，議員でない国務大臣は免責されないと通常理解される。また，免責される行為の範囲は通常，発言や表決といった行為であるが，職務に付随する行為も免責される余地があると理解される。この免責特権では，院外での民事的・刑事的責任等が絶対的に免責されるものの，議院内における懲罰については免責されない。 〈新井 誠〉

ⓦ弾劾
だんがい

弾劾とは，一般的には，特に公務員などの責任を追及する手続のことをいう。そして，こうした弾劾の手続を行なう裁判のことを弾劾裁判という。通常，議会により設置される公務員責任追及手続である弾劾裁判は，日本国憲法の下では，裁判官の罷免についてのみ制度化されている。このための弾劾裁判所は国会により設けられ，その裁判員は，各議院の議員の中から選ばれる（衆参それぞれ7名ずつ）。裁判長は裁判員により互選され，裁判員は独立して職権を行なう。弾劾裁判所では，国会の設ける訴追委員会により訴追された裁判官について審査し，①職務上の義務に著しく違反し，又は職務を甚だしく怠ったとき，②その他職務の内外を問わず，裁判官としての威信を著しく失うべき非行があったときに罷免する（裁判官弾劾法2条）。罷免の裁判をするには，審理に関与した裁判員の3分の2以上の多数の意見による（同31条2項）。裁判官の弾劾は過去数回行なわれている。 〈新井 誠〉

ⓦ会期
かいき

会期とは，国会が活動するために設定された一定の限られた期間のことをいう。議会の活動期間をめぐってはこの他に常設制が考えられるが，歴史的経緯や利便性といった点から，現在では会期制を用いる議会が多く，日本もそのひとつである。国会の活動形態には，常会・臨時会・特別会とあるが，このうち常会の会期は国会法で150日と規定される（国会法10条）。また臨時会・特別会の会期は，国会法で両議院一致の議決でこれを定めることが規定され（11条），これらについては各議院先例により召集日に議決されることとなっている。国会は会期の終了により閉会となり，会

〈上部〉限をつけることができるか否かが議論される。 〈新井 誠〉

期ごとに独立して活動することになる。これを「会期独立の原則」という。これにより会期中に議決されなかった案件については，次の会期に継続しないことが国会法68条前段に規定されており，これを「会期不継続の原則」という。ただし同法68条後段には，この会期不継続の例外が定められている。

〈新井 誠〉

204 議案（ぎあん） 議案とは，狭義ないしは旧来の意味では，両議院の間で先議・後議の関係で議決されるものであって案を備えて提出される修正可能なものを指し，広義ないしは現代の意味では，広く国会で審議される対象として理解されるものをいう。こうした後者に示すような新たなとらえ方がされるのは，現在では，議案の中に一院のみの議決で成立するものや，条約の事後承認といった修正不可能な案件が見られるからである。議案については衆参両議院議員が所属する各議院に提案することができ，これを議案の発議権という。議案の発議をめぐっては，1965年の国会法改正以降，予算を伴う法律案について衆議院では議員50名以上，参議院では議員20名以上の賛成が必要であり，それ以外の議案について衆議院では20名以上，参議院では10名以上の賛成が必要となった（国会法56条1項）。なお，内閣や各議院による議案の提案については，「発議」と区別して「提出」といった用語があてられる。

〈新井 誠〉

205 議院（ぎいん） 議院とは，特に両院制などの多院制の構造を持つ議会において，一定の権能を与えられつつそれぞれ独立した組織として設置された，議会を構成する一合議体のことをいう。日本の国会は，衆議院と参議院の2つの議院で構成され，各議院は制度上同時活動を原則としつつも，それぞれの議院が独立して議事を行い，議決を行なう。このように各議院は，内閣や裁判所による介入や他の議院の干渉を受けることなく自らの行動について律することができなければならない。これを「議院自律権」という。議院自律権には通常，①内部組織に関する自律権としての自主組織権（役員の選出権，議員資格争訟権など），②運営に関する自律権（議員規則制定権，議員懲罰権）が認められている。議院自律権をめぐっては司法審査との関係が問題となるが，判例では議院内部の議事手続について司法審査は及ばないとしている（最判昭37・3・7）。

〈新井 誠〉

206 議院規則制定権（ぎいんきそくせいていけん） 議院規則制定権とは，議会における各議院が議院自律権に基づいて議院規則（→❿）を制定する権限のことをいう。議院規則制定権は，各議院独自の権限であることからも，法律の存在を前提としていない。しかし日本においては，一方で国会法という国会内議事手続を定めた法律が明治期からの歴史的経緯のなかで戦後制定され

ることとなった。そこで，こうした国会法と議院規則の優劣関係が法的問題となる。これについて学説では，国会法優越説と議院規則優越説との対立が見られる。国会法優越説はその根拠として，国会法が両議院の議決を経ているのに対して，議院規則は一院の議決しか経ていないことを挙げる。これに対し議院規則優越説は，憲法58条2項の規定に法律の制約が書かれていないことや，議院自律権の公理から当然にして議院規則の優越が導かれることなどを根拠としている。 〈新井　誠〉

207 緊急集会（きんきゅうしゅうかい）　緊急集会とは，衆議院解散後新たな衆議院議員が選出され国会が召集されるまでの国会閉会中の間，国に緊急の必要性がある事態が生じたときに参議院で開かれる集会のことをいう。緊急集会の召集は，内閣により行なわれる。憲法の「国に緊急の必要があるとき」（憲54②）とは，通常，総選挙後の特別会召集を待つ余裕のない切迫した事態のことをいう。こうした緊急集会は，過去2度あった（第14回国会閉会後の中央選挙管理委員会委員の任命，第15回国会閉会後の暫定予算と特別会招集までに期限切れとなる法律4件の期間延長）。緊急集会では内閣から示された案件を審議・議決するが，案件に関連する議案の発議は議員にも認められる（国会法101条）。緊急の案件の議決後，議長はその終了を宣告し，集会は終了する（国会法102条の2）。緊急集会での措置は，憲法54条3項の規定に従い衆議院の同意を求めることになるが，次の国会開会の後10日以内に同意がない場合にはその効力を失う。

〈新井　誠〉

208 公聴会（こうちょうかい）　公聴会とは，国や地方公共団体の機関が，意思決定に際して参考にするために，広く利害関係人や学識経験者等の意見を聴取するための制度のことをいう。利害関係人の権利・利益の保護，国民の政治参加，意思決定の適正さの確保等を目的とする。その開催は各種の法律（土地収用法23条，都市計画法16条，労働基準法113条，独占禁止法42条等）によって規定されているが，国会法51条によれば，委員会は重要な案件について公聴会を開くことができ，総予算及び重要な歳入法案については公聴会を開かなければならない（地方議会については地方自治法115条の2参照）。また，行政手続法10条では，申請に対する処分に際して，申請者以外の者の利害を考慮すべき場合に公聴会開催の努力義務が定められている。

〈櫻井智章〉

209 国政調査権（こくせいちょうさけん）　国政調査権とは，国政に関して調査を行う議院の権能のことをいう。日本国憲法も，明文の規定（憲62）をもって両議院に国政調査権を与えており，各議院は証人の出頭・証言，記録の提出を要求することができる。この規定をうけて，議院における証人の宣誓及び証

言等に関する法律（議院証言法）が定められている。議院の権能であるが実際には委員会によって行使されている。国政調査権の法的性質については，国会又は各議院が憲法上与えられている立法権・予算審議権等の権能を行使するに際して必要な情報を収集するための補助的権能だと解する説（補助的権能説）と，国権の最高機関性に由来するものであり，他の諸権能とは独立に，国政全般に亘って調査できる権能だと解する説（独立権能説）がある。この点につき，参議院法務委員会の行った確定裁判に関する調査・批判を契機に，最高裁判所と参議院の間で意見の対立が見られた（浦和充子事件）。

〈櫻井智章〉

⑩証人 証人とは，国会の各議院や裁判所などの機関に対し，自己の経験から知ることのできた事実の供述を求められた者のことをいう。裁判所は，原則として何人でも証人として尋問することができ（民訴190条，刑訴143条），各議院は，国政に関する調査のために証人を喚問し，その証言を求めることができる（憲62，議院証言法）。証人は，出頭・宣誓・証言の義務を負い（民訴191条以下，刑訴150条以下，議院証言法1条以下），一定の場合の証言拒絶権（民訴196条以下，刑訴144条以下，議院証言法4条・5条）と旅費・日当等の請求権（刑訴164条，議院に出頭する証人等の旅費及び日当に関する法律）が認められる。

刑事被告人に対しては，証人審問権が保障されており（憲37②前段），伝聞証拠禁止の原則（刑訴320条）はそれに由来すると解されている。また，刑事被告人は公費で自己のために強制的手続により証人を求める権利（証人喚問権）を有する（憲37②後段）。

〈櫻井智章〉

⑪衆議院 衆議院とは，参議院とともに国会を構成する一院をいう（憲42）。二院制（両院制）を採用する諸外国の下院に相当する。参議院とは異なり，内閣不信任決議権を有し，他方で解散がある（憲69）。衆議院議員の定数は現在480人（0増5減改正により次回総選挙から475人の予定であるが，更なる削減が検討中）であり，うち300人（同様に295人）は小選挙区選挙によって，180人は全国を11ブロックに分けた比例代表選挙によって選出される（公職選挙法4条1項，13条1項・2項，別表第一・第二）。任期は4年であるが，解散の場合には任期満了前に終了する（憲45）。それ故に参議院よりも民意を反映していると考えられるため，予算の先議権を有する（憲60①）とともに，法律の議決（憲59），予算の議決（憲60②），条約の承認（憲61），内閣総理大臣の指名（憲67②）に際して衆議院の優越が認められている。

〈櫻井智章〉

⑫参議院 参議院とは，衆議院とともに国会を構成する一院をいう（憲42）。二院制（両院制）を

採用する諸外国の上院に相当するが、日本の場合、参議院議員も全国民を代表する選挙された議員でなければならない（憲43）。国会への多様な意見・利害の反映、衆議院の暴走の抑制、慎重審議の機会の確保等を目的として設けられ、「良識の府」としての役割を期待されている。参議院議員の定数は、現在242人であり、うち146人は都道府県単位の選挙区選出議員、96人は全国単位で非拘束名簿式の比例代表選出議員である（公職選挙法4条2項、14条1項、46条3項・95条の3、別表第三）。任期は6年で、3年ごとに半数が改選されると定められており（憲46）、安定性・継続性が企図されている。また、被選挙権は、衆議院議員が25歳であるのに対して、30歳とされており（公職選挙法10条1項1号・2号）、良識の府に相応しい経験豊かな人物が選出されることが期待されている。

〈櫻井智章〉

⓭ 常会（じょうかい）

常会とは、国会の会期の1つで、憲法上毎年1回召集することが要求されているもののことをいう（憲52）。一般に通常国会とも呼ばれる。期間は、臨時会・特別会とは異なり、150日と法定されており（国会法10条・11条）、両議院一致の議決により1回のみ延長が可能である（同12条。但し、同13条により両議院の議決が一致しないとき又は参議院が議決しないときは、衆議院の議決したところによる）。会計年度が毎年4月1日に始まり、翌年3月31日に終わる（財政法11条）ことから、内閣は1月中に来年度の予算を提出することとされており（同27条）、それに合わせて毎年1月中に召集することを常例としている（国会法2条、平成3年の国会法改正）。従って、常会の前半は、予算の審議が中心的な課題となる。

〈櫻井智章〉

⓮ 政党（せいとう）

政党とは、「政治上の信条、意見等を共通にする者が任意に結成する政治結社」（共産党袴田事件最高裁判決）のことをいう。法律上は、適用対象を明確にするため、より厳格な要件による定義がなされている（政治資金規正法3条2項、政党助成法2条等）。ドイツやフランス等の諸外国の憲法とは異なり、日本国憲法には政党条項が存在しないが、現代の民主政治は政党なしには運営が不可能であり、「政党は議会制民主主義を支える不可欠の要素」である（八幡製鉄事件最高裁判決）。平成6（1994）年に「政治改革」の一環として、派閥政治の弊害を打破し「政党本位の政治」を実現するため、旧来の中選挙区制を改め、小選挙区比例代表並立制が採用された。政党は、本来は私的な任意結社でありながら、「公の意見形成」に仕えるものとして半ば「公的な存在」と位置づけられ、特別の「公的規制」と「公的助成」を受けている（公職選挙法、政治資金規正法、政党助成法等）。

〈櫻井智章〉

㉕選挙制度

選挙制度とは有権者が議員を選挙するための制度のことをいう。選挙制度については、1選挙区から選出される議員の数（小選挙区制／大選挙区制）、選挙人が選択すべき候補者の数（単記制／連記制）、代表法（多数代表制／少数代表制／比例代表制）、投票回数（一回投票制／二回投票制）などの相違により多様な可能性があり、「論理的に要請される一定不変の形態」が存在するわけではなく、選挙制度の仕組みの具体的決定は原則として国会の裁量に委ねられている。代表的な選挙制度にもそれぞれ長所・短所がある。各選挙区から1人を選出する小選挙区制は、二大政党制を実現し易く政局の安定に資するが、死票が多く、少数政党に不利である。各選挙区から複数人を選出する大選挙区制は、少数政党にも議席獲得の機会を与えるが、同じ政党の候補者による同志討ちの危険がある。政党の得票に比例して議席を配分する比例代表制は、議会に民意を相似的に反映させるが、小党分立を招き易い。

〈櫻井智章〉

㉖党議拘束

党議拘束とは、主として議会での採決に際して、政党（厳密には会派）が決定した党の方針によって、その所属議員の行動を拘束することをいう。所属議員が党の決定に従わなかった場合（「造反」と言われる）には、党内における懲罰の対象となる。憲法43条（命令的委任の禁止）との適合性が問題とされることもあるが、一般には合憲と解されている。とはいえ、党議拘束の有無や強弱は、議会の運営に大きな影響を与える。日本では、臓器移植法の時のように党議拘束をかけなかったこともあるが、一般には党議拘束の度合いが極めて強い。厳格な拘束は議員活動の自由を奪うことになるため、国会活性化の1つの方策として党議拘束の緩和がしばしば取り上げられてきた。特に参議院では、衆議院とは異なる独自性を打ち出して二院制を真に意味あるものとするために、党議拘束の大幅な緩和が繰り返し主張されている。〈櫻井智章〉

㉗普通選挙

普通選挙とは、選挙権者の資格要件を納税額や一定の財産の有無などにより制限しない選挙のことをいう。広い意味では、人種、性別、教育、信仰などによる制限も設けない選挙もこれに含めていうこともある。各国の例として、フランスでは、一度廃止された普通選挙が1848年に全ての21歳以上の男性に選挙権を認めるかたちで再導入され、1945年に全ての21歳（1974年から18歳）以上の男女による普通選挙が認められた。アメリカでは1870年のアメリカ合衆国憲法修正15条により人種等による制限が撤廃され、1920年の修正19条により女性の参政権が認められた。日本では、1925年の衆議院議員選挙法改正で納税額要件が撤廃され25歳以上の男子に選挙権が認められ、1945年12月の改正で

は20歳以上の全ての男女に選挙権が与えられ、ここに完全な普通選挙制が実現された。日本国憲法においても15条で普通選挙が保障されている。

〈築山欣央〉

❷⓲制限選挙（せいげんせんきょ）　制限選挙とは、普通選挙とは反対に、選挙権者の資格要件を納税額や一定の財産の有無などにより制限する選挙のことをいう。更に、人種、性別、教育、信仰などを資格要件とする選挙をこれに含めていうこともある。現在普通選挙を実施している各国でもその沿革に制限選挙はみられ、例えば、19世紀中頃まではほとんどの国で納税額や財産による制限、1870年のアメリカ合衆国憲法修正15条追加までのアメリカで人種等による制限などがあった。日本では1890年に初の衆議院議員選挙が行われたが、これは25歳以上の男子で直接国税15円以上を納めている者による制限選挙であった。その後、1900年の衆議院議員選挙法改正で25歳以上の男子で直接国税10円以上、1919年の改正で25歳以上の男子で直接国税3円以上、1925年の改正で25歳以上の男子と資格制限がみられ、1945年になって20歳以上の全ての男女に選挙権が与えられた。

〈築山欣央〉

❷⓳戸別訪問の禁止（こべつほうもん　きんし）　戸別訪問とは、連続して二人以上の選挙人の居宅等を訪問することをいう。日本では、公職選挙法138条によって、「選挙に関し、投票を得若しくは得しめ又は得しめない目的をもって」戸別訪問をすること、及びその脱法的行為が禁止されている（罰則は同法239条1項3号：1年以下の禁錮又は30万円以下の罰金）。その理由として、戸別訪問は、買収・利益誘導その他の不正行為の温床となり易く選挙の公正を害するおそれがあること、候補者・選挙人ともに煩に堪えないこと、投票が情実に支配され易くなること等の弊害があげられる。このような戸別訪問の禁止が、政治活動の自由（選挙運動の自由）を保障する憲法21条に適合するか否かは、激しく争われてきた。下級審では違憲判決も出ているが、最高裁判所は一貫して合憲と判示している（最大判昭25・9・27、最判昭56・6・15等）。

〈櫻井智章〉

❷⓴議員定数の不均衡（ぎいんていすう　ふきんこう）　議員定数の不均衡とは、ある選挙区と他の選挙区との間で選挙人数（人口数）と配分議員定数との比率に較差が生じ、投票価値の平等が損なわれた事態のことをいう（現在の衆議院議員の選挙区選挙では小選挙区制が採用されているため、議員定数は常に1名であるから、議員定数の不均衡という表現は適切ではない）。主として都市部への人口移動が原因として発生するが、一人別枠方式のように意図的に投票価値の平等が損なわれることもある。この問題につき、最高裁判所は、①合理的な裁量権の行使として是認できないほど較差が拡大しており

（従来，衆議院では約1対3，参議院では約1対6と考えられていたが近時の判例ではより厳格な判断が示されている），かつ②合理的期間内に是正がなされない場合に，違憲と判断している。しかし，いわゆる「事情判決の法理」により，選挙は違法である旨を主文で宣言するが，選挙自体は無効としないという解決方法を採用している。
〈櫻井智章〉

221 立法裁量（りっぽうさいりょう）

立法裁量とは，国会（立法機関）が有する判断の余地（裁量）のことをいう。国民を代表する議員によって構成され，唯一の立法機関と位置づけられた国会（憲41，43）には，憲法の範囲内で，法律を制定するか否か，どのような法律を制定するか，いつ法律を制定するか等に関して裁量が認められる。もちろん，裁量権の行使といえども合理的に行われなければならないが，裁量の範囲内の判断は，当・不当の評価を受けることはあっても，違憲の評価を受けることはなく，裁量権の逸脱・濫用があった場合にはじめて違憲の評価を受ける。立法裁量の範囲は，「事柄の性質」に応じて広狭が認められる。租税や選挙事項のように憲法上「法律」によって規律されることが予定されている場合のほか，経済的自由権や生存権の分野では，広い立法裁量が認められることが多い。
〈櫻井智章〉

222 立法の不作為（りっぽうふさくい）

立法の不作為とは，一定の法律を制定する義務が国会（立法府）にあるにもかかわらず，その義務を履行しないことをいう。既存の法律を廃止した場合に「復活させない不作為」が問題とされたり，合憲的に制定された法律が後発的な事情の変更によって違憲に転化する場合に「改正しない不作為」が問題とされたりすることもある。国会には立法裁量が一応認められるが，憲法の明文上又は解釈上立法義務が認められ，かつ立法に要する合理的期間を経過してもなお立法がなされない場合には，違憲と評価される。とはいえ，刑法で学ぶ不作為犯の問題と同様に，立法者の作為義務の確定には多くの困難が伴う。また争い方の問題もあり，不作為の違憲確認訴訟は認められないと通常解されているため，国家賠償で争われることが多いが，立法行為は極めて例外的にしか国家賠償法上「違法」との評価を受けることはないとされている（最判昭60・11・21，最大判平17・9・14）。
〈櫻井智章〉

223 内閣（ないかく）

内閣とは，その首長たる内閣総理大臣とその他の国務大臣とで組織される（憲66①）。内閣総理大臣以外の国務大臣の数は，法律で現在は14人以内（特別に必要がある場合には15人以内）とされている（閣法2②，復興庁が廃止されるまでは，それぞれ15人以内，18人以内に増やされている。附則2）。内閣総理大臣は国会の議決による指名と天皇の任命によって（憲67，6①），その他の国務

大臣は内閣総理大臣の任命によって（憲68）選任される。内閣は，行政権（→❷❷❹）の担い手として，法律の誠実な執行（→❷❷❺），外交関係の処理といった憲法73条が列挙する事務を行うほか，臨時会の召集（憲53）や決算の提出（憲90）など，他の憲法の諸条文が定める国政上の権限を行使する。また，内閣は，天皇の国事行為に対する助言と承認を行う（憲3）。内閣は，閣議（→❷❸❶）によって意思決定を行い活動する。内閣には，その補助機関として，内閣官房，内閣法制局などが設置されている。　　　　　　　　　〈上田健介〉

❷❷❹ 行政権／執行権／執政権

日本国憲法は，65条で「行政権は，内閣に属する」と定め，41条の「立法」，76条の「司法権」と合わせて，内閣に権力分立の一角を担わせている。行政権とは何かについては，いくつかの学説が存在する。①行政権とは，国家作用の中から立法権と司法権を除いた部分を意味するとする説（「行政控除説」），②行政権とは，国会が制定した法律の執行だとする説（「法律執行説」），③行政権とは，国政に関する基本方針や重要事項を策定するとともに，行政各部を指揮監督することだとする説（「執政権説」）である。①が従来の通説であり，実際に行政が担う雑多な作用を漏れなく説明できることや，国王がすべての国家作用を有していたところから立法権と司法権が独立したと

いう歴史に即していると評価されていたが，積極的な定義ではなく官僚中心の行政体制を温存するのに資するとの批判が向けられ，最近では②や③の見解も有力になってきている。
　　　　　　　　　〈上田健介〉

❷❷❺ 誠実な法の執行

憲法73条1号は，内閣の職権のひとつとして，「法律を誠実に執行」することを掲げる。この規定は，憲法65条の「行政権」の基本的な内容が，国会の制定した法律の執行であること，また，内閣の重要な役割のひとつが，行政各部による法律の執行が適切に行われるように配慮することを示すという意味があると理解されてきた（憲法73条1号の文言どおりであれば，法律を執行するのは内閣であるが，実際に法律を執行するのは内閣ではなく，憲法72条にいう「行政各部」，すなわち各省庁であることを前提にしている）。しかし，近年，「誠実」な執行という点を強調し，憲法73条1号は内閣が法律の誠実な執行に失敗する場合には国会がその執行を内閣から分離することが可能であることを導く規定であるとする見解が現れている。この見解によれば，独立行政委員会の合憲性の根拠として，専門性や政治的中立性のみならず，憲法73条1号を挙げることが可能となる。　　　　〈上田健介〉

❷❷❻ 国民内閣制

国民内閣制とは，国民が，国会議員の選挙を通じて，内閣（首相）とその政治

プログラム（政策の組合せ）とを事実上直接に選出，決定する議院内閣制の運用形態をいう。日本国憲法上，国民（有権者団）は，国会議員を選挙することしかできず，内閣（首相）は，国会が選出する仕組みとなっている。実際にも，自民党長期政権の下，総理大臣＝自民党総裁が自民党の有力政治家のみによって決められる事態が続き，国民の期待に反するとの不満も大きかった。このような状況を背景に，高橋和之によって唱えられたのが国民内閣制の議論である。国会議員の選挙の際に，各政党が首相候補者と政策を掲げて争い，選挙によって多数を占める政党（与党）を生み出すことで，与党の首相候補者を首相に，その政策を内閣の政治プログラムとして国民が事実上，選出，決定する運用を図るべきだとする。それゆえ，基本的に，選挙制度は小選挙区制，政党は二党制が望ましいこととなる。　　　　　　　〈上田健介〉

㉗政令（命令）（せいれい・めいれい）　政令とは，内閣が制定する法をいう（憲73六）。法を作るのは立法機関，すなわち国会だけではない。行政機関も法を制定するのである。行政機関が定める法をまとめて「命令」とよぶ。命令には，政令のほかに，内閣府の長としての内閣総理大臣が定める「内閣府令」，各大臣が定める「省令」，委員会及び各庁長官が定める「規則」（→㉘）などがあるが，政令は，これらの行政機関が定める命令の中で最高の形式的効力を有するものである。憲法73条6号によれば，政令は「憲法及び法律の規定を実施するために」制定するとあるので，政令は法律を執行するための施行細則を定めるにすぎないようにもみえる（これを「執行命令」という）。しかし，政令は，法律の委任を受けて，本来法律で定めるべき事項を定めることもできる（これを「委任命令」という）。憲法73条6号後段は，法律の委任があれば政令で罰則を設けられると解釈でき，このことを前提とした規定であるといえる。　　　　　　　〈上田健介〉

㉘規則（きそく）　「規則」とは多義的な用語である。法形式上，「規則」の語は，議院規則や裁判所規則というかたちでも用いられる。しかし，行政機関との関連で「規則」というときには，委員会および庁の長官が発する命令（→㉗）を指す（国家行政組織法13条①）。例として，国家公安委員会規則（警察法12条）が挙げられる（「〜法律施行規則」は，紛らわしいが省令である）。なお，国家行政組織法が適用されない特殊な機関である人事院，会計検査院が制定する法も，「人事院規則」（国家公務員法16条），「会計検査院規則」（会計検査院法38条）といい，「規則」の名を用いる。また，行政機関が定める法を内容で分類する際に，「法規命令」に対して「行政規則」という用語が登場する。行政規則とは，国民の権利義務に直接に変動をもたらす効果をもたない行政立法のことをい

う。行政規則は，法規命令と異なり，法律による委任（授権）を必要とせずに発することができる点に特徴がある。
〈上田健介〉

㉙解散（かいさん）　解散とは，議院の任期満了前にその身分を一斉に失わせる行為をいう。日本国憲法の下は衆議院に解散の制度が設けられている（憲45。参議院には解散がない点に注意）。衆議院の解散は，内閣の助言と承認により，天皇が国事行為として行う（憲7）衆議院が解散されたときは，40日以内に衆議院議員総選挙を行い，その選挙から30日以内に国会を召集することとされている（憲54①）。衆議院の解散がいかなる場合に可能かについては争いがある。憲法69条が定める，衆議院が内閣不信任決議案を可決（又は信任決議案を否決）したときに限られるとする説もあるが，これらの場合に限られないというのが通説的見解である。もっとも，その理由づけは様々であり，日本は議院内閣制を採用していることや，憲法7条3号が定める国事行為の中に本来は実質的な解散の意思決定を行う権限が含まれていることが挙げられる。実際の運用上は憲法7条を根拠とする解散が多数を占めている。
〈上田健介〉

㉚総辞職（そうじしょく）　総辞職とは，内閣を組織する内閣総理大臣および国務大臣の全員が辞職することをいう。総辞職は，①衆議院で内閣不信任決議案が可決（又は信任決議案が否決）され，10日以内に衆議院が解散されないとき，②内閣総理大臣が欠けたとき，③衆議院議員総選挙の後に初めて国会の召集があったときに行われる（憲69，70）。②には，内閣総理大臣が死亡した場合や国会議員でなくなった場合のみならず，辞職した場合も含まれる。総辞職は，内閣の一方的な行為として行われる。内閣は，閣議決定の後，両議院議長に通告をなすが，内閣総理大臣や国務大臣による文書での辞表の提出はなされない。総辞職によって，内閣総理大臣および国務大臣はその地位を失い，国会は，新たな内閣総理大臣の指名を義務づけられることになる。もっとも，新たな内閣総理大臣の任命まで，総辞職した内閣は，引き続きその職務を行う（憲71）。
〈上田健介〉

㉛閣議（かくぎ）　閣議とは，内閣が意思決定を行う会議体をいう。憲法には「閣議」の語はないが，内閣法4条1項が，「内閣がその職権を行うのは，閣議によるものとする」と定める。閣議は，内閣の首長である内閣総理大臣が主宰し（憲66①，閣法4②），国務大臣と協議を行う場といえる（実際には，他に内閣法制局長官と内閣官房副長官が陪席する）。その運営は，内閣法に若干の定めがあるものの，内閣の自律的な運用による。現在の実務上，閣議事項は，憲法や法律で内閣の権限とされる事項につき「閣議決定」というかたちで意思決定を行うもののほか，各省の決定に対して「閣議了解」を与

えるもの，審議会の答申等について「閣議報告」を受けるものの三種類に分けられている。閣議には毎週火曜日と金曜日の午前中に開かれる定例閣議，それ以外に必要な場合に開かれる臨時閣議，大臣の参集が困難な場合に案件が記された閣議書を回覧し押印を得る方法で行われる持回り閣議がある。

〈上田健介〉

㉜文民統制（ぶんみんとうせい）

文民統制とは，政治が軍事に優位し，軍事を統制するべきだとする原理をいう。軍隊は軍事行動や武力行使を行う専門家集団であるが，軍事力や武力を手元に有するため，その使い方を誤れば国民の生活や国家の運命に重大な影響を及ぼす。そこで，軍人と一般国民（非軍人すなわち文民）とを区別して，一般国民が政治を行って軍隊を統制し，軍人は政治に干渉しないことが求められる。軍隊の組織や活動は，非軍人によって組織され国民に対し責任を負う政治部門の指揮や監督に服しなければならないのである。日本でも，憲法66条2項が，「内閣総理大臣その他の国務大臣は，文民でなければならない」と定め，現職の自衛官は内閣の構成員になることができないと解されている。また，内閣総理大臣が自衛隊の最高の指揮監督権を有すること（自衛隊法7条），内閣総理大臣による防衛出動の命令には国会の承認を要することなど（自衛隊法76条），様々な統制の仕組みが設けられている。

〈上田健介〉

㉝行政行為（ぎょうせいこうい）

行政行為とは，行政庁が，法律に基づいて，一方的に，国民の権利義務を具体的に決定することをいう。行政行為に該当するためには，行政が，①一方的判断で，②具体的決定を行い，③国民の権利義務に影響する行為でなければならない。したがって，行政の行為であれば全部行政行為に該当するわけではなく，相手方の合意に基づく合同行為や，単なる事実上の行為等は法律用語としての行政行為に含まれない。行政行為は，違法であっても権限ある機関に取り消されない限り有効となる公定力，行政が自ら執行できる自力執行力，紛争裁断者がいったん下した判定を覆すことはできない不可変更力，争訟は法定期間しか認められない不可争力などの特質を有する。

〈大林啓吾〉

㉞行政の不作為（ぎょうせいふさくい）

行政の不作為とは，①行政庁が私人の申請等に対して応答しない状態をいう場合と，②法令に定められた規制権限を行使しない状態をいう場合とに分かれる。①の意味で使うときは，私人が処分または裁決に関する申請を行うことが前提となる。これに対して行政が何も応答しない場合に，不服申立や不作為の違法確認の訴えを提起することができる。②の意味で使う場合，私人の行為は前提とされないが，規制権限を行使するか否かについては行政が第一次的権限を有するため，その違法性を問うのは容易ではない。救済手

段としては国家賠償請求を用いることになるが、不作為が認められるためには、被侵害利益の重要性、予見可能性、回避可能性、補充性、国民の期待、などの要件を満たしていることが必要となる。〈大林啓吾〉

235 内閣総理大臣の異議

内閣総理大臣の異議とは、内閣総理大臣が裁判所の執行停止決定に対し、異議を述べることによって執行停止を取り消すことをいう。この権限は、行政事件訴訟法27条に規定されており、内閣総理大臣は執行停止決定の前後を問わず、異議を述べることができる。ただし、異議を述べる場合には、「処分の効力を存続し、処分を執行し、又は手続を続行しなければ、公共の福祉に重大な影響を及ぼすおそれのある事情」を理由として附さなければならない。裁判所の決定を覆す以上、それは公共の福祉に重大な影響を与える事情がなければならず、内閣総理大臣にその説明責任を履行させるための規定である。だが、この権限は裁判所の決定を内閣総理大臣が覆すというものであるため、権力分立上の問題をはらむものであり、そもそも執行停止はいかなる作用なのかをめぐり議論の対立がある。〈大林啓吾〉

236 独立行政委員会

独立行政委員会とは、合議制の行政機関で、ある程度内閣から独立して職権を行使する機関のことをいう。一般に、政治的中立性が要求される職務を遂行し、なかには規則制定権などの準立法権や裁定権などの準司法権的な権限を持つ委員会もある。こうした制度は、元々アメリカで発達してきたもので、日本の制度になじまないなどの理由で廃止された機関もあるが、現在でも公正取引委員会や人事院などの機関は残存している。しかし、憲法65条が行政権は内閣に属すると規定していることから、独立行政委員会はこれを侵害しているのではないかという憲法上の問題がある。もっとも、一般的には、その専門性や中立性の確保を理由として、合憲であると理解されている。〈大林啓吾〉

237 司法権

日本国憲法76条1項は、「すべて司法権は、最高裁判所及び法律の定めるところにより設置する下級裁判所に属する」と規定しているが、「司法権」なる作用の内実については沈黙している。そこで、憲法が裁判所に付与する「司法権」とは何かが問題となるところ、通説は、かかる権能を、「具体的な争訟について、法を適用し、宣言することによって、これを裁定する国家の作用」と定義する。また、判例・通説は、ここでいう「具体的な争訟」(「事件性の要件」ともいう)を、裁判所法3条1項の「法律上の争訟」と同義とし(具体的争訟＝法律上の争訟)、後者を、①当事者間の具体的な権利義務ないし法律関係の存否に関する紛争であって、かつ、②それが法令の適用により終局

的に解決することができるもの，と解する（板まんだら事件）。このような判例・通説の立場からすると，司法権は，①要件（「狭義の事件性」ともいう）と②要件（「終局的解決可能性」ともいう）を満たす係争のみを対象とする国家的作用ということになるから，裁判所は，①要件か②要件を欠く係争については，かかる権限を行使（したくとも）できない（司法権の内在的制約。①要件を欠く「客観訴訟」の憲法的許容性につき，→❷）。②要件を欠くために「法律上の争訟」には当たらないとされた事例として，学問または技術上の論争（最判昭41・2・8）や，宗教上の教義に関する判断が前提問題となる紛争（前記板まんだら事件）などがある。なお，①要件・②要件を共に満たす場合，すなわち，司法権の範囲内にあり，裁判所として司法権を行使できる場合であっても，事柄の性質上，裁判所として司法権を行使すべきでない事項が存在する。これを，司法権の限界ないし司法権の外在的制約という（→❷）。　　　　〈山本龍彦〉

❷司法権の限界

裁判所法3条1項は，裁判所が「日本国憲法に特別の定のある場合を除いて一切の法律上の争訟を裁判し，その他法律において特に定める権限を有する」と定めている。

「法律上の争訟」とは，①当事者間の具体的な権利義務ないし法律関係の存否に関する紛争であり，かつ，②それが法令の適用によって解決できるものをいう。これらを充足しない場合は，法律上の争訟とはいえず，司法権の限界として，司法審査の対象から除外される。①との関係からは，抽象的規範統制訴訟が法律上の争訟には当たらず，②との関係からは，政治上，学術上，芸術上，宗教上の争いが法律上の争訟に当たらないことになる。

なお，行政事件訴訟法5条と6条は，それぞれ民衆訴訟と機関訴訟を定めている。これらは，行政作用が適法に行われることの担保を目的とする客観訴訟であり，法律上の争訟ではないが，裁判所法3条1項の「その他法律において特に定める権限」に該当し，司法審査の対象となる。　〈渡井理佳子〉

❷司法管轄権

司法管轄権とは，法の下に個別の紛争を審理し，判決・決定を出す権限のことをいう。司法管轄権は，立法管轄権および執行管轄権とともに国家管轄権を構成するものである。

国際法の領域では，各国がいかなる基準で国家管轄権を行使するかが議論の中心であり，司法管轄権との関連では，特に刑法について地域的適用の範囲が問題となる。これについては，一般に属地主義が原則であり，行為地や事実発生地など，場所に着目した上で適用法が決定され，それによって司法管轄権が行使されている。

日本の司法管轄権は，日本の領域である領土・領海・領空に及び，国籍を

問わず，原則として全ての者に日本の法令の適用がある。司法管轄権を含む国家管轄権を，日本の領域外である外国で行使するには，それを許容する条約が存在するか，あるいは外国における行為の効果が日本の領域内の利害に及んでおり，日本の法令の適用が不可避の状況にあることが必要である。

〈渡井理佳子〉

❷⓿最高裁判所

司法権は，最高裁判所及び法律の定めによって設置される下級裁判所に属する（憲76）。最高裁判所の裁判官は，内閣が指名し天皇が任命する最高裁判所長官1名と内閣が任命し天皇が認証するその他の裁判官である最高裁判事14名の計15名からなり（憲6，79，裁判所法5条），全員で構成する大法廷と，5人の裁判官で構成する3つの小法廷がある。

最高裁判所は，三審制をとる裁判所制度の最終審である。上級審の裁判所の裁判における判断は，その事件について下級審の裁判所を拘束する（裁判所法4条）。また，憲法その他の法令の解釈適用について，意見が前に最高裁判所のした裁判に反するときは，最高裁判所の大法廷で判断する（同10条3号）。すなわち最高裁判所の判例には，制度の上で，先例としての拘束性が認められる。

一般裁判権に加え，最高裁判所の権能としては，規則制定権（憲77）と下級所と裁判所職員を監督する司法行政（監督）権（裁判所法12条）を挙げることができる。

〈渡井理佳子〉

❷④❶最高裁判所規則

立法権は，国権の最高機関である国会が独占している（憲41）。その一方で，憲法は，最高裁判所に規則制定権を付与した（憲77）。これにより最高裁判所は，訴訟に関する手続，弁護士，裁判所の内部規律および司法事務処理に関する事項について，規則を定めることができる。司法権の独立を確保するためには，これの事項について司法部の自主性を重んじると同時に，最高裁判所の経験に裏付けられた英知の尊重が必要である。すなわち，最高裁判所の規則制定権は，憲法が設けた国会中心立法の原則の例外ということができる。最高裁判所規則は，民事事件関係，刑事事件関係，家事・少年事件関係，その他，数多く定められている。

最高裁判所規則の制定対象につき，国会が法律を制定できるかが問われるが，法律が定める裁判手続とは異なり，最高裁判所規則は技術的な事項を扱うものである。そこで，法律と最高裁判所規則が抵触した場合には，法律が優位すると考えられている。〈渡井理佳子〉

❷④❷下級裁判所

下級裁判所とは，最高裁判所以外の裁判所のことであり，高等裁判所，地方裁判所，家庭裁判所，簡易裁判所がある（裁判所法2条）。上級審の裁判所の裁判における判断は，その事件について

下級審の裁判所を拘束する（同4条）。下級裁判所の裁判官は，最高裁判所の指名した者の名簿によって，内閣がこれを任命する（憲80）。

高等裁判所は，東京・大阪・名古屋・広島・福岡・仙台・札幌・高松の8都市にあり，6カ所の支部がある。また，東京高等裁判所には，特別の支部として知的財産高等裁判所がある。

地方裁判所は，北海道の4管轄および都府県の50カ所にあり，203の支部がある。これらには，家庭裁判所とその支部も置かれている。家庭裁判所の出張所は，必要に応じて設けられている。簡易裁判所は，訴額が140万円を超えない民事事件と，罰金以下の刑に当たる罪および比較的軽い罪の刑事事件について第一審裁判権を有し（裁判所法33条），全国に438カ所ある。

〈渡井理佳子〉

㉔㉓ 特別裁判所（とくべつさいばんしょ）

特別裁判所とは，通常裁判所とは異なる系列の裁判所であって，特定の事件や身分等について管轄権を行使するものをいう。大日本帝国憲法下では，皇室裁判所や軍法会議が設置されており，裁判制度は複数の系統から構成されていた。また，大日本帝国憲法61条は，「行政官庁ノ違法処分ニ由リ権利ヲ傷害セラレタリトスルノ訴訟」を，通常裁判所ではなく行政裁判所の管轄としていた。これに対し日本国憲法76条2項は，特別裁判所の設置を禁止し，行政機関は終審として裁判を行うことができないと規定している。

特別裁判所を禁止した趣旨は，平等の理念および法解釈の統一の必要性にあると指摘されている。終審としてなければ，ある一定の事項のみを管轄とする裁判所を設けることは禁止されていないため，上告が許されるのであれば，行政裁判所を設置することは許される。家庭裁判所は，通常裁判所の系統に属する下級裁判所であり，特別裁判所には当たらない。〈渡井理佳子〉

㉔㉔ 原告適格（げんこくてきかく）

原告適格とは，訴えの主観的利益のことをいう。これは，訴訟を提起する資格のことであり，行政事件訴訟については，抗告訴訟（行政事件訴訟法3条）について特に問題となる。抗告訴訟の典型である取消訴訟の原告適格は，「法律上の利益」を有する者（同9条1項）に認められる。「法律上の利益」を有する者とは，行政庁の処分により自己の権利若しくは法律上保護された利益を侵害され又は必然的に侵害されるおそれのある者をいう。しかし，争われている処分の根拠法が，不特定多数の具体的利益を専ら一般の公益の中に吸収解消させるにとどめず，それが帰属する個々人の個別的利益としてもこれを保護すべき趣旨を含むと解されるときは，そのような利益をもつ者も「法律上の利益」を有する者に当たるとするのが判例の立場である。2004年の行政事件訴訟法の改正は，原告適格をめぐる従来の判例法理を明文化し，原告

適格の範囲を拡大することを意図するものであった。〈渡井理佳子〉

㊥ 訴えの利益

訴えの利益は、訴えの客観的利益のことをいう。民事訴訟では、当事者の主張の有無を判断することが、紛争の解決に必要であり適切であることを意味している。行政訴訟では、抗告訴訟との関係が特に問題となるが、原告適格を有する者の請求が仮に認容されても、その者の「法律上の利益」を回復し得ない場合には、訴えの利益を欠くものとして却下される。つまり、請求に訴えの利益が認められることが、本案審理の前提である。

訴えの利益が消滅する原因としては、期間の経過、法令の改廃、係争中の処分の取消し・撤回等がある。なお、訴えの利益の消滅を否定した判例として、名古屋中郵事件がある。この大法廷判決は、免職された公務員がその後市議会議員選挙で立候補したことにより、免職処分の取消しにより公務員たる地位を回復する可能性を失っても、違法な免職処分がなければ得られるはずの経済的利益との関係で、訴えの利益は消滅しないと判断した。〈渡井理佳子〉

㊦ 第三者の権利の援用

訴訟当事者が、当該訴訟において、自らの利害に関連する法令等を違憲無効としたいがために、当該訴訟には現れない「第三者」の（憲法上の）権利を援用することをいう。例えば刑事被告人が、処罰の根拠法令が自らの憲法上の権利を侵害しないにもかかわらず、それが第三者の権利を侵害するために無効であるなどと主張し、自らに有利な判決を勝ち取ろうとすることが考えられる。違憲の法令等（違憲の法秩序）が存在する以上、憲法保障の観点から、いかなる訴訟においてもこれを裁判所が無効と宣言する必要が認められる一方、上述のように、被告人が第三者の権利侵害を理由に無罪や刑の免除を勝ち取ることは、ある種の"タナボタ"であり、司法に対する国民不信につながるほか（最判平19・9・18堀籠補足意見参照）、裁判所が、実際に権利を侵害されている第三者の主張や、具体的侵害状況を知らずに（そのような情報を十分得ることなく）、法令等の違憲性を判断することに関わる過誤のリスクなどから、一般に、訴訟当事者による第三者の権利の援用には限界があるものとされる（なお、付随的違憲審査制（→㊦）からの本質的限界を説く見解もあるが、第三者の権利の援用・主張が問題となるのは、既に「事件」・「法律上の争訟」として成立している場面であり、裁判所が当該「事件」の解決に付随して、あるいは訴訟当事者本人の権利保護ないし救済のためにかかる主張について判断することは、理論上当然には否定されない）。通説は、この「限界」（逆にいえば援用の可能性）を、①第三者が別途独立に自己の権利侵害を主張する現実的可能性、②訴訟当事者

と第三者との関係（医師＝患者のような専門職業的関係か，など），③援用される権利の性質（表現の自由のような優越的地位にある自由か，など），④訴訟当事者の訴訟における利益の程度（援用を認めなければ訴訟上重大な不利を受けるか，など），といった事項を総合的に考慮して決すべきとする。判例は，第三者所有物の没収につき，被告人が第三者の権利を援用することを認めている（最大判昭37・11・28）。

〈山本龍彦〉

❷⓻事件性　事件性とは，裁判所による司法権の行使につき，当事者間で具体的な紛争が生じていなければ，当事者は訴えを提起することができないことを指す。それ故事件性の要件とも言われ，現実には訴訟要件として機能し，これを満たさない場合には，訴えは不適法として却下される。これは，わが国における憲法上の司法権の意義である，「社会に生じている紛争につき，裁判所が法令を適用し，そうした紛争に終局的解決を与える権限」から導かれる。しかし，事件性は司法作用につき必ずしも普遍的なものではない。例えば，こうしたドイツの憲法裁判に見られるように，法令の憲法違反について，具体的な紛争の存在を前提とすることなく，憲法裁判所に訴えの提起が認められるそうした抽象的違憲審査制のような制度もありうる。逆に，わが国では事件性の要件の存在から，具体的紛争解決に必要な範囲で違憲審査権は行使され，これを付随的違憲審査制と言う。

〈手塚貴大〉

❷⓼法律上の争訟　法律上の争訟とは，法令を適用して解決可能な紛争を指す。裁判所法3条1項では，わが国の裁判所は一切の法律上の争訟につき裁判をすると規定されており，これは裁判所の権限の範囲を示すものである。そもそも裁判所は司法作用を営むため，法令の適用により解決可能である紛争を裁判するのであって，こうした権限の限定を伴うのである。したがって，例えば，宗教上重要な価値を有するとされる偶像を収納する建築物のために宗教団体に対して信徒が自ら行った寄附の返還につき訴訟を通じて求める際に，寄附の理由である偶像の宗教的価値の有無が争点になるような場合には，当該紛争は法律上の争訟とは言えない（最判昭56・4・7）。その他，試験の合否，学術的価値判断も一例として挙げられる。何故なら，こうした宗教的価値判断等は法令を適用して社会における紛争を解決する裁判所が判断することに馴染むものではないからである。

〈手塚貴大〉

❷⓽客観訴訟　客観訴訟とは，訴訟を提起する際に，原告自身の権利侵害を要件としないそうした訴訟類型を指す。具体例としては，行政事件訴訟法上の機関訴訟（行政事件訴訟法5条）および民衆訴訟（同6条）がある。通常，訴訟は，原告自身

の権利が侵害された場合に，その救済を図って提起されるものであって，それがない場合には，本来訴訟提起は許されない。このように原告自身の権利侵害を救済するための訴訟は主観訴訟と呼ばれる。具体例としては，行政事件訴訟法上の抗告訴訟（3条）および当事者訴訟（4条）がある。しかし，例えば，あえてそうした権利侵害の存在がなくても，私人と具体的な行政活動との間の密接な関係性等といったいくつかの理由に基づいて，裁判所に当該紛争の解決を委ねることに合理性が認められる場合に法律の定めに基づいて特別に訴訟提起が許される場合があり（行政事件訴訟法42条），これが客観訴訟と呼ばれるのである。

〈手塚貴大〉

㉕⓪機関訴訟（きかんそしょう） 機関訴訟とは，国又は公共団体の機関相互間における権限の存否又はその行使に関する紛争についての訴訟（行政事件訴訟法6条）である。通常こうした機関相互間の権限またはその行使に係る紛争はその性質上行政組織内部で解決すべきであると考えられているが，しかし，かような紛争も司法的解決に委ねられるべき場合もあり，それが機関訴訟として法律上特別に配備されている。そして，この訴訟は，通常の訴訟の目的たる権利救済という機能が見られないため，いわゆる客観訴訟である。例えば，一例を挙げると，地方自治法176条によれば，地方公共団体の長は，議会の議決または選挙につき権限踰越または違法があったときに，再議に付させ，なお権限踰越または違法の是正がない場合，総務大臣あるいは都道府県知事に審査を求め，その上でそれらによる裁定がなされ，その裁定に不服があるときは，長または議会は裁判所に出訴することができるとされる。

〈手塚貴大〉

㉕①民衆訴訟（みんしゅうそしょう） 民衆訴訟とは，国又は公共団体の機関の法規に適合しない行為の是正を求める訴訟で，選挙人たる資格その他自己の法律上の利益にかかわらない資格で提起するものである（行政事件訴訟法5条）。これは，右の定義に見られるように，私人が自己の侵害された権利救済のために提起するものではなく，あくまでも例えば行政の違法を是正するために提起される訴訟であって，いわゆる客観訴訟に属する。その典型例が地方自治法242条の2の住民訴訟である。これについては，住民にとって自己の居住する地方公共団体のなす財務会計行為は自身が納付した地方税の使途にかかわり，ゆえに仮にそれが違法であっても，性質上住民の権利侵害はないが，住民はそれにつき重要な利害関係を有するため，法律上訴訟でその是正を求めることが特に許された。また，自己の法律上の利益にかかわらず提起される訴訟であるため，法律に特別に定めがある場合にのみ提起が可能である。

〈手塚貴大〉

㊜住民訴訟(じゅうみんそしょう)

住民訴訟とは，地方公共団体の議会，長，職員等による違法な財務会計行為につき住民がその是正を求める訴訟である。これは民衆訴訟の一類型であり，地方公共団体の住民は当該地方公共団体に租税を納付するので，その違法な財務会計行為がなされると，住民の権利侵害はないが，重要な利害関係は認められうる。それ故に，客観訴訟として地方自治法242条の2が特別に住民訴訟という訴訟類型を規定している。具体的には，監査請求を経た後，それにより違法な財務会計行為の是正に至らない場合に，違法行為の差し止め，損害賠償請求訴訟等の提起がなされる。また，住民訴訟の対象は違法な財務会計行為とされているが，例えば，首長による公共施設建設時の地鎮祭への公金支出の可否（最判昭52・7・13）のように，地方政治と政教分離原則との関係が住民訴訟の実質的な争点となり，それによって地方政治のあり方を住民が争うことをも可能にするとも指摘される。　　　　　　　　〈手塚貴大〉

㊝現代型訴訟(げんだいがたそしょう)

現代の福祉国家化，社会国家化の中で新たに見られるようになった，これまでの伝統的な訴訟形態とは異なる訴訟形態を有する訴訟として総称されるものをさす。従来の当事者が対立する構造の下で当事者間の紛争を解決する訴訟とは異なり，当事者間にとどまらない多くの利害関係者が関与する中で，これまで行政的，立法的な段階での解決に委ねられていた紛争を解決することをはかる中で，とくに救済にその重点を置くという特色を有する訴訟をさす。そのため公共訴訟とか制度改革訴訟と呼ばれ，具体的には環境権訴訟，消費者保護訴訟，憲法訴訟などがあげられる。現代型訴訟では新たな権利の承認が求められ，また権利と救済の結びつきがこれまでよりも緩やかに解される。さらに救済についても被害の事後的救済に限定されることなく，将来的な救済が求められることになる。これらの訴訟には社会の関心を高め，立法や行政による対応を求めることをねらいとして提起される場合も多く，そのため本来政治過程で立法や行政的に解決されるべきであり，司法権の範囲外であるとの批判も存在する。　〈大沢秀介〉

㊞憲法訴訟(けんぽうそしょう)

憲法上の問題を争点とする訴訟を一般に憲法訴訟という。日本には実定法上憲法訴訟を独立の訴訟形態とする憲法訴訟法なるものは存在せず，また日本では付随的違憲審査制が採られているため，通常は民事訴訟，刑事訴訟，行政訴訟の形式で提起された訴訟の中で，具体的事件の解決に必要な限りで裁判所の憲法判断が示される。ただし，憲法問題の重要性から，学説において憲法訴訟論が展開された。そこでの重要な点としては，憲法訴訟の基本的なあり方（司法積極主義か司法消極主義かなど），憲法訴訟の方法（事件性，ムー

トネスなど），憲法訴訟の対象（統治行為，立法の不作為など），憲法判断の方法（憲法判断の回避，合憲限定解釈など），違憲判断の方法（法令違憲，適用違憲など），違憲審査の基準（二重の基準，三段階審査など），違憲判決の効力（個別的効力説，一般的効力説など），憲法判例の変更などがあげられる。最近の日本の最高裁は積極的な憲法判断を示す場合も以前より多くなっており，憲法訴訟の重要性は増している。　　　　　　　　〈大沢秀介〉

㉕㊄裁判の公開（さいばんのこうかい）　裁判の公開とは，裁判の公正さを確保するために，裁判の対審と判決を公開の法廷で行うことをいう。対審とは，裁判官の前で当事者が各主張を行うことをいい，判決とは裁判の結果をいう。憲法82条が裁判の公開を要求しており，公序良俗を害するおそれがある場合には公開停止が認められるとしているが，政治犯罪や出版に関する犯罪，その他人権に関する事件については必ず公開しなければならないと規定している。公開とは，文字通り一般に開くということであり，一般市民は裁判を傍聴することができる。ただし，法廷秩序のために一定の規制を行うことは可能である。なお，法廷内における報道活動については，撮影や録音をする場合には裁判所の許可が必要になる。また，法廷内でメモを取ることについて最高裁はメモを取ることが尊重されるとしている（法廷内メモ訴訟）。

〈大林啓吾〉

㉕㊅非訟事件（ひしょうじけん）　非訟事件とは，通常の裁判手続と異なり，公開・対審・判決という方法によらずに，簡易な手続で処理される事件のことをいう。家事審判はその典型例であり，たとえば家事審判では夫婦同居義務のような実体的権利義務を確定するのではなく，権利義務を前提として同居の時期や方法等の具体的内容を定める決定を行う。つまり，非訟事件は，実体的権利義務を決定するのではなく，裁判所が後見的立場から具体的内容を形成するものなのである。したがって，非訟事件は，終局的に事実を確定し権利義務の存否を確定するような純然たる訴訟ではない。そのため，判例では公開しないまま事件が審理されても公開裁判の原則に反しないとされている。ただし，学説上は非訟事件であってもその事件にふさわしい適正な手続を用意すべきであり，非訟事件にも公開の要請が働くと指摘されている。

〈大林啓吾〉

㉕㊆インカメラ　インカメラとは，「裁判官の執務室内」との意のラテン語である。裁判官のみが，文書等を直接見聞する方法により行う非公開の審理のことを，インカメラ審理という。これをめぐっては，憲法82条の定める裁判の公開原則との関係が問題とされてきた。

インカメラ審理が特に期待されるのは，情報公開請求に対する不開示決定

の取消訴訟（情報公開訴訟）の場面である。これが認められれば，裁判官は対象文書の不開示情報該当性につき，実際に文書を見分して判断をすることができる。しかし，最高裁は，訴訟で用いられる証拠は当事者の吟味・弾劾の機会を経たものに限定されるという民事訴訟の基本原則に照らし，情報公開訴訟において証拠調べとしてのインカメラ審理を行うことは，明文の規定がない限り許されないとしている。なお，民事訴訟法223条3項は，証拠の採否を判断する手続を非公開で行うことを定めるが，これは証拠調べではないため，憲法との抵触はない。

〈渡井理佳子〉

258 裁判官（さいばんかん）

裁判権と司法行政権を行使する特別職公務員。裁判所に所属し，最高裁判所長官，最高裁判所判事，高等裁判所長官，判事，判事補，簡易裁判所判事の6つの職種がある。裁判官の職権の独立は，裁判所の独立の重要な内容の一つである。裁判官はその職業的良心に従い，独立してその職権を行使し，憲法と法律のみに拘束される。裁判所の独立と裁判官の職権の独立を守るため，様々な規定がおかれている。裁判官の懲戒は，行政機関が行うことができず，裁判で行われる（裁判所法49条）。裁判官には定年があり，下級審裁判官は任期10年で再任されるが，在任中は手厚い身分保障がなされ，裁判で心身の故障のために職務を執れないと決定された場合以外は，弾劾によらなければ罷免されない。意思に反する転官，転所，職務の停止も禁じられている（裁判所法48条）。さらに，最高裁判所，下級裁判所の裁判官は，定期に相当額の報酬を受け，在任中は減額されない。

〈吉田仁美〉

259 国民審査（こくみんしんさ）

最高裁判所の裁判官が任命されると，任命後に初めて行われる衆議院議員選挙の際に国民審査が行われ，その後10年が経つと初めて行われる総選挙の際に再び国民審査に付され，これが繰り返される。罷免を可とする投票者が多数であれば，その裁判官は罷免される。国民審査は，罷免すべき裁判官の姓名の下にXを付す形で行われ（最高裁判所裁判官国民審査法15条），投票の過半数に達すると罷免される（同32条）。国民審査は，解職（リコール）の制度，もしくは，解職と，信任ないし事後審査の性格をあわせもつとされる。ただし，これまで国民審査で最高裁裁判官が罷免された例はなく，制度が機能しているのかどうかには疑問がもたれる。どの裁判官が，どの判決で，どのような意見を述べたのかという情報は国民にわかりにくく，判断材料が乏しいことが理由として挙げられる。また，記載がないと信任票になるなどの問題があり，投票方法の改善も求められる。

〈吉田仁美〉

260 陪審制（ばいしんせい）

陪審制は，司法手続のうち，事実認定に，事件ご

とに無作為に選んだ市民を関与させる制度。量刑や賠償額の算定にも関与させる場合がある。イギリス，アメリカ，カナダ，ブラジル，メキシコなどが陪審制をとる。中世のイギリスに由来するコモン・ロー上の制度で，英連邦などに継承された。アメリカ憲法では，合衆国憲法修正6条が刑事事件，修正7条が民事事件について，陪審審理を権利として保障している。アメリカでは，刑事手続で，起訴・不起訴を判断するために，大陪審が開かれる場合もある。陪審制は，日本でも大正期に一時導入されたが，施行が停止されたままになっている。一方，参審制は，任期制で推薦等に基づいて採用された市民が，裁判官とともに，事実認定，法の適用，量刑を行う制度。フランス，イタリア，ドイツなどが採用する。参審員と裁判官の比率はさまざまである。いずれの制度も，市民が裁判手続に参加し，市民の自由や権利を保護することを目的とする。　　　　　〈吉田仁美〉

㉖裁判員制度

事件ごとに無作為に選んだ市民が，裁判官とともに，刑事事件の事実認定，法令の適用，量刑に関与する制度。法令の解釈や訴訟手続については，裁判官が合議で判断する。対象となる事件は，死刑，無期懲役もしくは禁固に当たる罪，および，短期1年以上の懲役若しくは禁固にあたる罪に関し，3人の裁判官によって判断される法定合議事件（裁判所法26条）で，被害者を死亡させた罪に関するもの。合議体は，原則として裁判員6名，裁判官3名で構成されるが，裁判官1人に，裁判員4人の場合もある。裁判員候補者は，衆議院議員選挙の選挙人名簿の中から無作為に選んで作成した名簿から，事件ごとにくじ引きで選ばれる。質問手続で不公平な裁判をするおそれのある者を排除し，欠格事由や辞退の申し立て等を勘案し，裁判員を選定する。検察・被告は理由を示さない不選任の請求もなしうる。評決は合議体の員数の過半数の意見で行われる。裁判員には守秘義務がある。　　　　　〈吉田仁美〉

㉗裁判外紛争処理手続

当事者同士が，強制力のある裁判手続によらず，自主的に合意にもとづく紛争解決をはかる手続。ADR（Alternative Dispute Resolution の略）と呼ばれる。仲裁，調停，あっせんなどがあり，裁判所，行政機関や民間機関，個人が仲立ちする。仲裁は，当事者が仲裁人の判断に従うという合意のもとに行われる。調停は，裁判所の調停委員会などが仲介し，成立した合意は，個別法に定めがない限り裁判上の和解としての効果をもつ。あっせんは，第三者の仲介をうけるが仲介案には拘束されない。仲裁法では，専門の仲裁人が関与し，仲裁合意がなると対象となる紛争については訴訟を起こせない。また，仲裁を申請すると時効が中断し，執行力が認められている。裁判外紛争解決手続の利用の促進

に関する法律（ADR法）は，民間事業者が行うADRの原則を定め，事業者が調停・あっせん業務に関して国の認証をうけると，調停・あっせんの継続中は時効が中断するなどの法的効果がある。　　　　　　　〈吉田仁美〉

❷❻❸判例（はんれい）　裁判所の個々の判決のうち，法律的な判断（裁判所法10条3項によれば，「憲法その他の法令の解釈適用」に関するもの）で，拘束力をもつ部分をいう。判例は，その事件の法律上の論点に関する判断でなくてはならず，それ以外の問題に関する部分は傍論とされ，拘束力がない。量刑も，判例には含まれない。刑事裁判での上告理由を定めた刑事訴訟法405条や，同410条が，初めて「判例」という文言を用いた。また，裁判所法10条3項は，最高裁判所が最高裁判所判例の変更を行う場合は，大法廷で裁判すべきことを定める（大審院の判例を最高裁判例が覆す場合は，小法廷でも裁判できる）。判例は，裁判所の判決のうち，現在拘束力をもっている法理をさすことがある。混乱しないよう，「判例理論」など別の用語を当てる場合もある。この用法では，「判例変更」は，最上級審である最高裁による法理の変更を意味する。判例は，広い意味で，過去の裁判例をさすこともある。
〈吉田仁美〉

❷❻❹法廷意見（ほうていいけん）　当該事件に関する裁判所としての意見。多数意見と同義。結論と理由づけとに裁判官の多数が加わった意見。最高裁の裁判では，裁判書に各裁判官の意見を表示しなくてはならない（裁判所法11条）。法廷意見（多数意見）以外の意見を「個別意見」といい，「補足意見」，「意見」，「反対意見」がある。「補足意見」は，法廷意見に加わった裁判官がさらに意見を付け加えた場合だが，その部分は，法廷意見には含まれない。結論は法廷意見と同じだが，理由づけの異なる場合は，「意見」と呼ばれる。また，結論と理由づけがともに法廷意見と異なる場合は，「反対意見」と呼ぶ。反対意見に加わった裁判官がさらに反対意見を補足する意見を書いた場合，「追加反対意見」と呼ぶ。アメリカ法では，理由づけが異なるが同じ結論の各意見の結論部分を，結果についての法廷意見，それぞれの法律上の論点について多数を形成した意見を，その論点についての法廷意見と呼ぶことがある。　〈吉田仁美〉

❷❻❺傍論（ぼうろん）　当該事件の法律上の論点に関する判断以外の問題について述べた部分。傍論は拘束力をもたないため，判例と傍論の区別が重要であり，しばしば問題となる。裁判所が，当事者の主張に答えるなどの理由で，論点をとりあげる順序を変えることによっても，判例とみなされるか，傍論とみなされるかが異なることがある。例えば，小泉純一郎元首相の靖国神社参拝問題に関する下級審判決において，裁判所が，結論としては具体的権利の

侵害がないとして訴えを退けるにあたって、元首相の靖国神社参拝が政教分離原則違反にあたるかどうかに関して判断を示したような場合、これを傍論とみるか、結論にいたる筋道として、判例の一部とみなすかどうかについては、意見が分かれる。〈吉田仁美〉

❷❻❻補足意見／意見／反対意見／少数意見

裁判所法では，合議体の裁判における各裁判官の意見を秘密とすべき旨を規定する一方で（裁判所法75条），最高裁の裁判に関してのみ，各裁判官の意見の表示を要請する（法11条）。そこで，最高裁の各裁判官は，「多数意見」（法廷意見）に名を連ねる形で自己の意見を表示する場合のほか，個別意見を通して自己の意見を表示する。個別意見には，法廷意見の理由及び結論の双方に同意しつつ補足的な説明を加える場合の「補足意見」，法廷意見の結論に同意しつつも理由には同意していない場合の「意見」，法廷意見の結論に同意していない場合の「反対意見」，及び反対意見に同意しつつ補足的に説明を加える場合の「追加反対意見」がある。これらのうち，最高裁判例としての先例拘束性を有するのは多数意見のみであるが，その他の意見であっても，学説や下級審の強い支持をうける例もあるし，後の事件において当該論理が法廷意見になる例もある。

〈小谷順子〉

❷❻❼先例拘束性

先例拘束性とは，同様の事件は同様に扱うべしという原則に基づくもので，ある事件の法律問題が先の判決において示されている場合には，後の判決は先例に従わなければならないことをいう。ここで拘束の対象となるのは，判決の結論を導く理由づけとなる部分，すなわち判決理由である。先例拘束といっても，絶対的な効力を持っているわけではなく，先例に誤りがある場合や事情が変化したような場合には先例の変更が可能である。憲法判例の変更については，憲法秩序の安定性の観点から慎重になるべきだとする見解がある一方で，法律の先例と違って憲法先例が誤っている場合には憲法改正が必要になり，容易に対応できるわけではないことから変更を認めやすくしておくべきであるとの見解がある。なお，英米のような判例法国と違い，日本では判例がただちに法源となりうるわけではないことから，先例拘束は法的拘束力を持たず，事実上の拘束力を持つにとどまるとされている。〈大林啓吾〉

❷❻❽違憲審査権（司法審査権）

広義の「違憲審査権」は，法令等が最高法規である憲法に適合しているかどうかを審査する権限のことを意味し，その保持者までを含意しない。したがって，法令等を制定した立法機関または行政機関自身が，かかる法令等の憲法適合性を審査するということも論理

的にはありうる。しかし，制定機関自身が違憲審査権の保持者であるとき，その審査が公正かつ中立に行われるのか，問題となりうる（それが恣意的に行使されれば，憲法の最高法規性自体も怪しくなる）。そこで日本国憲法81条は，「最高裁判所」を，「一切の法律，命令，規則又は処分が憲法に適合するかしないかを決定する権限を有する終審裁判所である」とした。かくして，日本国憲法下で「違憲審査権」というとき，それは，法令等の憲法適合性を審査する裁判所の（通説によれば，最高裁判所だけでなく下級裁判所も含む）権限であるとされる（ここにおいて違憲審査権と司法審査権が等式で結ばれる）。違憲審査権の行使のあり方については，通常の裁判所が，具体的事件の解決に付随して，あるいはその事件の解決に必要な限りで（つまり「司法権」（→㉝）の範囲内で），当該事件に適用される法令等の憲法適合性を審査する①付随的違憲審査制と，特別に設けられた憲法裁判所が，具体的事件を前提としない抽象的状況下で法令等の憲法適合性を審査する②抽象的違憲審査制があるが，日本国憲法は，②を採用する場合に必要な提訴権者や裁判の効力等の定めを持たないことなどから，一般に①を採用していると説かれる（ただし，②を積極的に排除する規定も持たないことから，法律により最高裁判所に憲法裁判所的機能を持たせることも不可能ではないと説く見解も有力である）。判例も，「裁判所が……具体的事件を離れて抽象的に法律命令等の合憲性を判断する権限を有するとの見解には，憲法上及び法令上何等の根拠も存在しない」と述べ，①の採用を示唆している（警察予備隊違憲訴訟）。

〈山本龍彦〉

㉙憲法判断（けんぽうはんだん）

裁判所が，法令等の憲法的適合性について審査し，その合憲違憲を判断することを憲法判断という。一般に日本国憲法は付随的違憲審査制を採用しているとされ（→㉘），裁判所の憲法判断は，具体的事件に付随して，またその解決に必要な限りで行われるのが原則とされる。その意味で，具体的事件から離れ，憲法判断のみ（例えば法令等の違憲確認のみ）を目的とするような「憲法訴訟」なる訴訟形式は存在せず，憲法判断は，常に，それ自身の目的をもった刑事訴訟，民事訴訟，行政訴訟等の「土俵」を間借りして行われる。したがって，このような各訴訟形式固有の目的と憲法判断の必要性とは必ずしも一致せず，かかる「目的」の実現にとって憲法判断が必ずしも必要でない場合，例えば，有罪無罪を決することを目的とする刑事訴訟（厳密には刑訴法1条等を参照）において，憲法判断に触れずとも構成要件該当性に関する純然たる刑事法的判断のみで上記目的を達成できる場合（とりわけ被告人に有利な判断を導ける場合）には，大きな民主主義的・社会的コストを伴う憲法

判断は回避されるべきと説かれることがある（社会において論争中のイシューにつき裁判所が憲法判断を下すことは、かかるイシューに関する民主的討議を停止させ、民主主義的解決の可能性を裁判所が奪うことにもなる）。アメリカでは、憲法判断は事件の解決にとって（「土俵」となる訴訟形式固有の目的実現にとって）必要な場合以外は行わないという「必要性の原則」に基づいて準則化された一連のルールが存在し、これを、「憲法判断回避の準則」と呼ぶ。その準則の1つを採用したと目される我が国の判決に、自衛隊基地内の電信線を切断し、自衛隊法の防衛用器物損壊罪違反で起訴された被告人が、同法の憲法9条違反を主張したのに対し、単純に被告人の行為が上記損壊罪の構成要件に該当せず、この点において無罪と結論されるから、上記の憲法上の主張について判断する必要はなく、またそうすべきでもないとした恵庭事件判決がある。なお、憲法判断の方法については種々の議論があるが、大要、①法令の合憲違憲に関する判断と、②執行者の処分等の合憲違憲に関する判断に分ける見解がありうる。例えば合憲限定解釈（→❷❽❺）は、法令について違憲の疑いを表明したうえで、かかる法令を合憲となるよう限定して解釈するものであり、法令に関する憲法判断を行うもの（上記①）と位置づけることもできる。〈山本龍彦〉

❷❼⓪ 実質的証拠法則

実質的証拠法則とは、一定の行政機関が準司法的手続を経て下した事実認定に、裁判所に対する拘束力を認める考え方である。この法則は、独立行政委員会が積極的役割を果たしているアメリカで判例法上発達した。日本において同法則を採用した数少ない例として、独占禁止法は、公正取引委員会の審決が認定した事実につき、これを立証する実質的証拠がある場合には、裁判所を拘束する（憲80①）が、実質的証拠の有無は裁判所が判断する（憲80②）とする。法の解釈適用だけでなく、その前提となる事実認定も司法権の作用とする通説的見解によれば、行政機関の事実認定が裁判所を無条件に拘束することは、裁判所による司法権の独占（憲76）や裁判を受ける権利（憲32）から許されない。一方、法の解釈適用が司法権の本質であるとの見解によれば、事実認定手続の公正性を前提として、準司法的機関の事実認定が裁判所を拘束することも許されるとされる。〈森脇敦史〉

❷❼① 司法消極主義／司法積極主義

司法消極主義（司法積極主義）とは、裁判所が法律等に対する憲法判断を行う際の態度を指す。裁判所が政治部門とは独自の判断を積極的に行うことを司法積極主義、政治部門の判断を尊重しそれに従うことを司法消極主義と呼ぶが、憲法判断を行うことへの積極度

や，違憲判断を下すことへの積極度について用いられることもある。現在では，全面的な積極主義や消極主義はいずれも不適切で，裁判所が違憲審査を行う積極性を決定する際に考慮すべき根拠や場面をより具体的に検討すべきとされる。その際一般的には，民主政過程に直接関わる精神的自由の規制については積極主義を採用すべきだが，経済的自由の規制についてはその是非を民主政に委ねる消極主義が妥当とされる（二重の基準論）。日本の裁判所，特に最高裁は司法消極主義を採用しているとされ，その傾向は精神的自由の領域で顕著だが，最近の最高裁には若干の変化も見られる（特に選挙権や法の下の平等）。　　　　　　〈森脇敦史〉

❷⓻❷ 将来効判決（しょうらいこうはんけつ）

将来効判決とは，違憲判決により生じる無効の効力を，判決時または判決後一定期間の経過後とする手法である。通常，違憲法令の効力は，当該訴訟で問題となった行為時に遡及して否定される。しかし，当事者の救済に一定の制度設計が必要なため，単に無効とすることが救済とならない場合や，無効の効力を行為時に遡及させると極めて大きな混乱が生じると予想される場合，裁判所が違憲判断を示しつつ，無効の効力発生時を判決時以降とすることが認められるとする。このような事態への対応としては，事情判決（の法理）や違憲警告判決があるが，将来効判決はある一定時点から無効の効果が現に生じる点が異なる。議員定数不均衡訴訟では，補足意見や少数意見で将来効判決の採用や次回の違憲判断の警告が示唆ないし主張されている。婚外子相続分差別違憲決定は，当事者への遡及を認めつつ，本決定以前に確定した相続事案には違憲判断の効力を遡及させないとした。　　　　　　〈森脇敦史〉

❷⓻❸ 統治行為（政治問題）（とうちこうい　せいじもんだい）

統治行為とは，直接国家統治の基本に関する高度に政治性のある国家行為のことをいう。これについては，法律上の争訟の要件をみたしていても裁判所は（原則として）審査しない（統治行為論）。つまり，統治行為に関する事件については，法律的判断が可能であるにもかかわらず，裁判所は判断を行わないのである。その理由としては，裁判所が判断すると混乱が起きてしまうおそれがあることからそれを避けるために裁判所は判断を自制すべきであるという見解（自制説）と，高度に政治的な行為は民主的正当性の弱い裁判所の審査権の範囲外にあることから政治部門の判断に委ねるべきであるとする見解（内在的制約説）などがある。最高裁は，解散の効力などが統治行為に当たるとしている（苫米地事件）。なお，最近では，統治行為を持ち出さなくても裁量論や自律論で対応できるのではないかという議論が有力になりつつある。〈大林啓吾〉

❷⓻❹ 部分社会の法理（ぶぶんしゃかい　ほうり）

部分社会の法理とは，「一

般市民社会の中にあってこれとは別個に自律的な法規範を有する特殊な部分社会における法律上の係争」については、「それが一般市民法秩序と直接の関係を有しない内部的な問題にとどまる限り、その自主性・自律的な解決に委ね」、裁判所の司法審査の外に置こうとする判例法理をいう（富山大学事件）。「法律上の係争」という上記文言が示唆するように、この法理は、事件性の要件（→❷❹❽）を欠くため、裁判所が司法権を行使したくともできない場合（司法権の内在的制約）をいうものではない。「法律上の係争」として司法権の行使が可能な対象であるにもかかわらず、事柄の性質上、司法権の行使を控えるべきという、司法権の外在的制約ないし司法権の限界（→❷❽❸）にかかわる。部分社会論の根拠として、かつては一般的・抽象的な「法秩序の多元性（論）」が挙げられたが（田中耕太郎）、現在では、団体の自律性・自主性を支える憲法上の根拠を具体的に提示すべきとする見解が有力である（例えば、大学であれば憲法23条の大学の自治、政党であれば憲法21条の結社の自由、宗教団体であれば憲法20条の宗教的結社の自由を提示することが考えられる）。この見解によれば、団体の内部問題に対する司法審査対象性も、自律性を支える憲法上の根拠や、それぞれの団体の目的・性質・機能の相違を踏まえ（例えば、政党につき共産党袴田事件参照）、かつ、紛争の実体や争われている権利利益の性質や重要性等を考慮して、個別具体的に検討しなければならないとされる。なお、団体の内部問題が「一般市民法秩序と直接の関係」を有するものとされ、その司法審査対象性が認められても、部分社会論を支える憲法上の根拠は、かかる審査を手続的側面などに限定する機能を果たす。判例は、団体の内部的処分が一般市民としての権利利益を侵害する場合であっても、かかる処分の当否は、当該団体が自律的に定めた規範ないし条理に基づき、適正な手続に則ってされたか否かによって決すべきであり、「その審理も右の点に限られる」と述べている（共産党袴田事件）。

〈山本龍彦〉

❷❼❺適用違憲（てきようい けん）　違憲判断の方法の1つ。従来、適用違憲には、以下の3つの類型があると考えられてきた。①法令の合憲限定解釈（→❷❽❺）が不可能である場合、当該法令が事件に適用される限りで違憲とするもの、②法令の合憲限定解釈が可能であるにもかかわらず、法執行者が違憲的に適用した、その適用行為を違憲とするもの、③法令そのものには憲法上の瑕疵はないが、執行者が憲法上の権利を侵害するような形で適用した場合、その適用行為を違憲とするもの、の3つである（芦部信喜）。しかし、この3類型には、違憲審査の対象という点で重要な違いが認められる。①は、当該訴訟事件に適用される限りで、法令を審

査しているのに対し（猿払事件1審判決参照），②は，法令の文面にまず注目した上で，これを合憲限定解釈し，かく解釈された法令と処分との適合性を審査し（よって②は，まず法令の審査を行い，然る後，執行者の処分を審査している。泉佐野市民会館事件参照），また③は，法令に瑕疵のないことを前提に，単純に執行者の適用行為ないし処分を審査している（エホバの証人剣道実技拒否事件，博多駅テレビフィルム提出事件等参照）。そして，このことと関連して，何を憲法判断（→㉖㊈）の対象にしているかという点でも3類型に重要な違いがみられる。すなわち，①は，適用法令部分を「違憲」と判断するものであり，②は，限定解釈された法令に適合しない処分を「違法」と判断するものであり，③は，執行者の適用行為・処分を「違憲」（ないしは違法）と判断するものなのである。このような3類型にみられる性質の相違から，近年は，「適用」の原語である"*statute* as applied to"にも倣って，適用関係（適用事実類型）において切り取られた法令部分を審査し（適用審査），これを違憲とする①に限定して「適用違憲」という言葉を用い，②を「処分違法」，③を「処分違憲」などと呼ぶ見解が有力化している。 〈山本龍彦〉

㉖㊆法令違憲

違憲判断の方法の1つで，法令そのものを違憲とする場合をいう。尊属殺重罰規定違憲判決（最大判昭48・4・4）のように，法令（刑200）の全体を違憲とする場合のほか，法令の規定の一部を違憲・無効とする場合もある（⇒部分無効）。「適用違憲」（→㉖㊈）と呼ばれるもののうち，法令の合憲限定解釈が不可能である場合，当該法令が事件に適用される限りで違憲とする判断も，法令の一部違憲と実質的に近似する（この類型の典型例とされる猿払事件1審判決も，「本件Yの所為に，国公法110条1項19号が適用される限度において，同号が憲法21条および31条に違反する」〔傍点筆者〕と述べている）。さらに，合憲限定解釈（→㉖㊄）も，規定の文理のままでは違憲の疑いが生ずるため，これを合憲となるよう限定して解釈する手法であるから，ある意味で，（限定解釈以前の）法令の違憲性を指摘する判断方法といえる。 〈山本龍彦〉

㉖㊇部分無効

違憲判断の方法の一つで，法令違憲の手法のように法令の規定全体を違憲とするのではなく，法令の規定の一部だけを違憲・無効とする手法。文言ないし意味の一部を違憲とするもので，一部違憲判決の手法ともいわれる。従来の違憲判断の方法である法令違憲の手法では，事案によっては法令の規定を全部違憲・無効とすると，憲法上の権利侵害を実効的に救済できないという点があることを踏まえて編み出されてきた。わが国の最高裁も，最近の郵便法事件

判決，在外国民選挙権事件判決，国籍法事件判決，さらに平成23年の衆議院議員の選挙区割訴訟などで用いるようになっている。この部分無効の手法が最近多く用いられる他の大きな理由としては，最高裁が猿払事件において第一審判決が下した適用違憲判決を「ひっきょう法令の一部を違憲とする」にひとしいとして批判し，適用違憲に消極的な姿勢を見せたこともあげられる。部分無効ないし一部違憲判決の手法については，実質的には法令の書き換えであり，裁判所が立法を行っているとの批判も根強い。〈大沢秀介〉

❷⓻⓼処分違憲 法令そのものが合憲でも，法令の適用（処分）が権利を侵害したり，政教分離等の憲法が禁止する原則に違反したりする場合を処分違憲という。処分違憲の審査においては，憲法81条が「一切の法律，命令，規則または処分」を憲法判断の対象としていることから，許認可等の行政処分，司法処分，公金の支出行為等，公権力の行使としてなされた個別，具体的な国家行為（処分）の違憲性が問題となる。たとえば，法令の定める教科書検定制度自体は合憲であっても，個々の検定処分が，著者の思想内容を事前に検査することから検閲に該当する場合は，処分違憲である。また，県知事の靖国神社及び県護国神社への玉串料の奉納も，政教分離原則に違反する公金の支出であることから，処分違憲となる。第三者所有物没収違憲判決では，旧関税法118条に基づいて行われた第三者の没収という司法処分が，憲法29条，31条に違反すると判断された。〈福井康佐〉

❷⓻⓽立法事実 法令の違憲性を審査するにあたっては，法令の立法目的とその立法目的を達成するための手段の合理性を検証しなければならず，その合理性を支える社会的・経済的・文化的な事実のことを立法事実という。裁判所が立法事実を審査する際には，立法当時の事実そのものではなく，裁判時において立法を支える事実があるかどうかを検証しなければならない。薬局の距離制限規定違憲判決では，立法事実を検討し，距離制限を廃して薬局の開設を自由にしても，「薬局間の競争が激化し，そのため一部薬局が経営不安定になり，不良医薬品が供給される」という因果関係は成立しないとして，目的を達成する手段の合理性が否定された。公衆浴場の距離制限規定に係る最高裁判決は，初期には同規定には環境衛生の保持という消極目的を認定したが，後に自家風呂のない住民を保護する必要性が高まったという立法事実の変化を受けて，業者の転廃業の防止という積極目的があると認定した。〈福井康佐〉

❷⓼⓪事情判決 事情判決とは，取消訴訟の判決の一種類であり，特別の事情による請求の棄却のことをいう（行政事件訴訟法31条1項）。裁判所は，争われている処分・裁決を

違法と判断しても，既存の事実の蓄積により，取消しが公共の福祉に反する場合には，原告の受ける損害の程度，損害の賠償・防止の程度および方法等の事情を考慮した上で，請求を棄却することができる。判決の主文においては，処分・裁決が違法であることを宣言しなければならないが，この効果についての規定はない。具体例としては，土地区画整理事業との関係で換地処分の違法性が争われたケースがある。

議員定数配分の不均衡の合憲性が争われた事件において，定数を規定した公職選挙法の規定を違憲と判断しつつも，選挙の効力自体は有効と判断した最高裁判決がある。選挙訴訟には，行政事件訴訟法の規定の準用はないが（公職選挙法219条1項），事情判決の法理を一般原則として適用したものと理解されている。　　　〈渡井理佳子〉

281 三段階審査（さんだんかいしんさ）　三段階審査とは，基本権（防御権）侵害の憲法適合性を審査する際の論証作法のことをいう。第一段階として，問題となる私人の行為が憲法上保障されたものであるか否か，即ち個々の基本権条項の保障範囲（保護範囲，保護領域）に含まれるか否かが問題となる。保障範囲に含まれないのであれば，憲法上の問題は存在しないこととなる（もっとも包括的基本権条項に注意）。含まれる場合には次の段階に進む。第二段階として，憲法上保障された私人の権利を国家の行為が制限（侵害，介入）しているか否かが問題となる。制限に該当するのであれば次の段階に進む。第三段階として，国家の行った制限が憲法上正当化されるか否かが問題となる。形式的正当化としては，基本権の制限が法律の根拠に基づいているか否かが問題とされる。法律に基づかずに権利を制限していれば，それだけで違憲となる。実質的正当化としては，とりわけ比例原則を遵守しているか否かが問題となる。　　　〈櫻井智章〉

282 比例原則（ひれいげんそく）　比例原則とは，「大砲で雀を撃つな」という言葉に示されるように，公権力の行使の際に，目的達成のために釣り合いのとれた手段の選択を要請する原則のことをいう。国家による過剰な権力行使を防止し，得られる利益と失われる利益の最適な調整を求めるものである。もともとは行政法，特に警察法の領域で発展してきた原則であるが，法律に対する違憲審査の領域でも用いられるようになった。次の三原則から成る。①目的を達成するために適合的な手段が採用されなければならない（適合性原則）。②目的を達成するために当該手段が必要最小限なものでなければならない（必要性原則）。即ち，目的達成のために複数の手段が考えられる場合には，より緩やかな手段が選択されなければならない。③規制によって得られる利益と失われる利益が均衡していなければならない（狭義の比例性原則）。　　　〈櫻井智章〉

❷❽❸ 裁量の逸脱濫用　裁量とは，法律が行政機関に独自の判断の余地を与え，一定の活動の自由を認めている場合のことをいう。立法者意思を背景に，裁判所は裁量処分をめぐる行政庁の判断を尊重するが，行政庁の裁量権行使に逸脱・濫用があった場合には，裁判所はその処分を取り消すことができる（行政事件訴訟法30条）。何が逸脱・濫用を構成するかについては，法律の定めがないことから，判例法理を通じてこれが明らかにされてきた。

具体的には，処分に着目した上で，事実誤認（マクリーン事件），目的・動機違反（個室付浴場事件），法の一般原則違反（信義則違反・平等原則違反・比例原則違反）が認められる場合には，裁量権行使の逸脱・濫用が認められ，処分は違法となる。

今日では，処分に至る行政の判断過程に着目し，その判断が重要な事実の基礎を欠くか，または社会通念に照らし著しく妥当性を欠くものと認められる場合に，処分は違法であるとの判断基準が定着している。〈渡井理佳子〉

❷❽❹ 判断過程統制　判断過程統制は，裁量統制の審査基準である。従来は，判例法理の蓄積から，裁量権行使の逸脱・濫用（行政事件訴訟法30条）の類型を整理する裁量濫用統制審査が主であった。しかし，裁量処分のうち，重要な人権や国民の生命など重要な保護法益が関わるものや，多様な法的利害の調整が必要であるものについては，より密度の高い裁量審査が求められるようになった。

そこで，処分に至る行政の判断過程に着目し，争われている処分が，裁量権の行使としてされたことを前提に，その基礎とされた重要な事実に誤認があること等により重要な事実の基礎を欠くこととなる場合，または，事実に対する評価が明らかに合理性を欠くこと，判断の過程において考慮すべき事情を考慮しないこと等により，その内容が社会通念に照らし著しく妥当性を欠くものと認められる場合に限り，裁量権の逸脱・濫用として処分は違法とする判例法理が定着している（小田急本案事件）。〈渡井理佳子〉

❷❽❺ 合憲限定解釈　合憲限定解釈とは，法令に違憲の疑いがある場合に，裁判所がこの疑いを除去し，法令の合憲性が保証されるようその意味を限定して解釈することをいう。違憲の疑いのある法令を，解釈を施すことで無効とせずに救済する手法であり，憲法判断回避の準則（→❷❻❾）の１つと捉えられることがあるが，合憲限定解釈は，裁判所が法令について違憲の疑い（すなわち立法者に対する一定の非難）を表明し，これを前提に，憲法条項の価値などを踏まえつつ法令の意味を再構成していくのであるから，ある種の憲法判断に関与している（東京都教組事件等参照）。その意味で，憲法判断そのものを回避

し、法令に対する憲法的評価を一切加えない解釈手法（恵庭事件判決）とは区別される。合憲限定解釈の根拠として、法律を制定した立法者への敬譲、あるいは民主的過程への配慮が挙げられる。法律を救済する点でかような側面もあるが、解釈の仕方によっては、立法者の意図せざるような限定が加えられる可能性があること、法令を無効とした方が、立法者に規制対象につき再考の機会が与えられることから、この手法が常に民主的過程と親和的関係を形成するわけではない。その実際的な根拠は、合憲的に適用される部分を実質的に有する法令を全て（一旦は）葬り去ることによる社会的コストの大きさにあろう（全農林警職法事件田中ら5裁判官意見参照）。合憲限定解釈は、違憲の疑いを晴らす手法であるから、それが許されるのは、「〔①〕その解釈により、規制の対象となるものとそうでないものとが明確に区別され、かつ、合憲的に規制し得るもののみが規制の対象となることが明らかにされる場合でなければならず、また、〔②〕一般国民の理解において、具体的場合に当該表現物が規制の対象となるかどうかの判断を可能ならしめるような基準をその規定から読みとることができるものでなければならない」とされる（札幌税関検査事件）。なお、合憲限定解釈は、法令に違憲の疑いがあることを前提とせず、すなわち、立法者への非難を含まず、憲法の趣旨を踏まえて（憲法への配慮を立法者意図に擬制することで）法令の意味を解釈する憲法適合的な解釈とも異なる（堀越事件千葉補足意見参照）。　〈山本龍彦〉

❽合憲性の推定　憲法81条により、裁判所には違憲審査権が認められるものの、国民の代表者からなり（憲43①→❿）、その議員や各院に免責特権（→❶）や国政調査権（→❷）など、社会的・経済的・文化的な一般事実についてよく調査・審議するための手段・制度が付与されている国会の制定した法律には、一般に合憲性が推定され、裁判所は、その憲法適合性を、合理性の基準（→❼）というゆるやかな審査基準をもって審査すべきとの考えがある。法律一般に当てはまる原則とされるが、法律が規制する領域によって同原則の適用のされ方は大きく異なる。例えば、経済的自由規制立法、とりわけ積極目的規制には、社会経済の実態を把握し、これを適正に評価する国会の制度的能力がとくに重視されるため、合憲性の推定を強く働かせた明白の原則（→❿）が妥当であるとされる。他方、表現の自由規制立法や、憲法14条後段列挙事由に基づく区別立法などは、国民の代表者からなる国会においても、政府与党批判を封ずるような、あるいは偏見に基づくような恣意的立法がなされるリスクが高いために、合憲性の推定が排除されるか、少なくともその推定が弱く働くため、当該法律には厳格度の高

❷⓼❼ 合理性の基準

違憲審査基準の1つ。①規制目的が正当（legitimate）ないし合理的（rational）な利益を達成するためのものであること，②規制手段が，当該目的との間に「合理的関連性」を有していることが求められる。ここでいう，合理的関連性は，事実上の実質的な関連性であることを要せず，目的と手段との間に抽象的・観念的なつながりが認められればよいとされる。これは，合理性の基準が，合憲性の推定（→❷⓼❻）が働く領域において妥当するゆるやかな審査基準であり，合理性に関する国会の先行的判断が一応もっともだと考えられるならば，裁判所としてはこの判断を尊重し，裁判所自ら立法事実に分け入って目的・手段間の事実的つながりを詮索すべきでないとの考えを反映している。したがって，この審査基準の下では，目的と手段とのつながりが不合理であることが明白でない限りは，事実上，立法が違憲と判断されることはない（「明白の原則」参照→❷⓼❾）。　　　　　〈山本龍彦〉

❷⓼❽ 明白かつ現在の危険

明白かつ現在の危険とは，表現規制の合憲性を判断する際の審査基準のひとつである。アメリカの連邦最高裁が第一次世界大戦期に打ち出したものであるが，その内容は徐々に厳格化されている。

明白かつ現在の危険の基準の下で，表現規制が合憲とされるのは，仮に当該規制を行わなかったとすると即座に重大な害悪が発生することが明白であり，かつ，その害悪を回避する唯一の手段が当該規制手段である場合のみである。さらに，発生する「重大な害悪」とは，単に政府にとって望ましくない事態ではなく，犯罪行為でなければならない。

明白かつ現在の危険は，違法行為の唱導の規制の合憲性が争われる場合にのみ用いるべきだとも言われる。日本の最高裁は，違法行為の唱導の規制をめぐる事件を含め，明白かつ現在の危険の基準を用いていない。〈小谷順子〉

❷⓼❾ 目的効果基準

目的効果基準とは，政府の行為が宗教と何らかのかかわりを有する場合に，当該行為が憲法20条3項により禁止される宗教的活動に該当するか否かを審査するための基準である。アメリカの判例法で発達した基準であるが，日本においても，最高裁が津地鎮祭事件で採用した。

津地鎮祭事件で示された目的効果基準によると，政府の行為の目的が宗教的な意義をもち，その効果が特定の宗教に対する援助，助長，促進，圧迫，又は干渉になり，国と宗教のかかわり合いが相当限度を超える場合に，その行為は違憲となる。なお，審査に際し，その行為に対する一般人の宗教的評価や，行為者の主観的意図などの諸事情

（前段冒頭）い審査がなされるべきとされる。
〈山本龍彦〉

を考慮し、社会通念に従って客観的に判断する。

日本の目的効果基準はアメリカの基準よりもゆるやかであると批判されてきたが、愛媛玉串事件では厳格に適用し、県費による玉串料の支出を違憲であると判断した。〈小谷順子〉

❷⓪ 明白性の原則

明白性の原則とは、裁判所が法令の合憲性を審査する際に用いる基準のうちの、最もゆるやかな審査基準のひとつである。明白性の原則を用いる場合、裁判所は、あらかじめ当該法令の合憲性を強く推定したうえで、当該規制が著しく不合理であることが明白な場合のみ当該規制を違憲と判断する。

明白性の原則は、立法府の判断に最大限の敬譲を示し、立法府の裁量を非常に広く認めるものである。従来、明白性の原則は、経済的自由の規制立法のうちの積極目的規制を審査する際に用いられるとされてきた。その理由は、高度な専門的知識に基づく政策的判断を要する経済政策については、立法府の判断に委ねることが最適であると考えられるからである。もっとも、最近は経済的自由の規制に関する二分論への批判も多い。〈小谷順子〉

❷① LRAの基準

LRA（Least/Less Restrictive Alternative、制約の度合いが最も小さい／より小さい選択肢）の基準とは、アメリカにおいて、基本的人権を制約する立法の合憲性を審査する際に用いられる基準の一つである。当該基準の下では、政府が人権制約を行う場合には、規制目的の正当性が要求されるだけでなく、当該目的を達成するための必要最小限度の規制手段を採ることも要求される。よって、仮に正当な目的のための合理的な規制であったとしても、基本的人権の制約の度合いがより小さい規制手段（すなわちLRA）が存在するのであれば、当該規制は違憲となる。

日本では、主に表現の自由の保障をめぐる学説において、表現内容中立規制（表現の時、場所、又は方法に対する規制）の合憲性の審査に際してLRAの基準を用いるべきであると主張されてきたが、裁判においては、これまでに地方裁判所で用いられた例はあるが、最高裁では用いられていない。

〈小谷順子〉

❷② 違憲判決の効力

最高裁が、ある法令を違憲と判断したとき、①その法令は一般的・客観的に無効となり、議会による廃止手続を経ずにその存在を消すと考える一般的効力説と、②当該事案に限ってその適用が排除される（違憲判断の効力は当該事案に限定される）と考える個別的効力説とが対立してきた。①説は、もしこれを認めた場合に裁判所が消極的立法権をもつことになるため、国会が唯一の立法機関であるとする憲法41条の趣旨に反するとか、憲法判断は当該事件の解決に必要な限りで

行われるという付随的違憲審査制（→❷❻❽）の建前に反するなどと批判された。判例・通説は②説を支持する。②説を前提としても、「先例としての事実上の拘束性」により、違憲と判断された規定は、違憲とされた時点以降は無効であることとなり、また、当該規定に基づいてされた裁判や合意の効力等も否定される（非嫡出子相続分違憲決定）。しかし、判例によれば、先例としての事実上の拘束性が、既に解決済みの他の事案にも及び、著しく法的安定性を害することになる場合には、法に内在する普遍的要請である法的安定性の確保との調整を図るため、事実上の拘束性が限定される場合があるという（民法の非嫡出子相続分規定を違憲と判断した前記決定は、かかる理由から、本決定の違憲判断は、違憲時点から本決定までの間になされた他の相続につき、「本件規定を前提としてされた遺産の分割の審判その他の裁判、遺産の分割の協議その他の合意等により確定的なものとなった法律関係に影響を及ぼすものではない」と述べた）。

〈山本龍彦〉

❷❾❸ 財政民主主義（ざいせいみんしゅしゅぎ）

財政とは、国家がその存立と活動に必要な財貨を調達・管理・使用する作用を指す。近代立憲主義は、財政を議会の統制下におくことに努めてきた。こうした議会による財政統制は、財政議会主義や財政民主主義と呼ばれ、議会の租税同意権、議会の支出議決権、議会の予算議決権、議会の決算審査権および会計検査制度などをその内容とする。日本国憲法もまた、83条で、財政を処理する権限を国会の議決に基づいて行使することを求める（財政国会中心主義）とともに、84条以下で、租税法律主義や予算決算会計制度などを具体的に定めている。また、財政作用が国民のために行使されること（国民による国民のための財政）や、財政作用につき国民による責任追及が可能となるような仕組みも財政民主主義の要請であるとされることがある。

〈片桐直人〉

❷❾❹ 租税法律主義（そぜいほうりつしゅぎ）

租税とは、国又は地方公共団体が、課税権に基づき、その経費に充てるための資金を調達する目的をもって、特別の給付に対する反対給付としてではなく、一定の要件に該当するすべての者に対して課する金銭給付のことをいう。日本国憲法は、かかる租税の賦課について、法律又は法律の定める条件によらなければならないことを定めており（憲30・84）、これを租税法律主義という。租税法律主義は、1215年イギリスのマグナ・カルタにおける「代表なくして課税なし」の理念に遡ることのできるものであり、近代立憲主義における重要な憲法原理である。租税法律主義は、課税権の恣意的な行使に対抗しようとするものであるから、納税義務者、課税物件、課税標準、税率等の実体的要件および賦課徴収の手

続方法に関する手続的要件が法律によって明確に定められることを要求する（課税要件法定主義および課税要件明確主義）。また、国民健康保険料のように、純粋に租税とは言えないものであっても、憲法84条の趣旨が及ぶとされる。　　　　　　　　　〈片桐直人〉

❷❾❺ 公の支配（おおやけ しはい）　憲法89条後段は、「公の支配に属しない慈善、教育若しくは博愛の事業」に対する公金支出・公財産の供用を禁止する。このような規定は、比較法的にも珍しいだけでなく、慈善・教育・博愛といった事業は国家の積極的な関与が要請されるとも考えられるところから、その趣旨および公金支出の前提となる「公の支配」の程度が問題となる。学説上は、①本条の趣旨を「私的な事業に対する公権力による干渉の禁止」とみて、「公の支配」を、国または地方公共団体が予算や人事などの点で、その事業の根本的な方向に重大な影響をおよぼすことのできる権力を有することであるとする説（厳格説）や②本条の趣旨を「濫費の防止」とみて、「公の支配」とは、一般の財政処分が服するような執行統制にまで服することであるとする説（緩和説）などが対立している。　　　　　　〈片桐直人〉

❷❾❻ 公金支出（こうきんししゅつ）　憲法85条は、国費の支出は国会の議決を必要とすると定める。ここに国費の支出とは、国の各般の需要を充たすための現金の支払を意味し、1会計年度の支出を歳出と呼ぶ（財政法2条）。国費支出のための国会の議決は予算の形式による（憲86）。なお、支出の原因には、法律に基づく場合も、私法上の契約に基づく場合もあるが、支出の原因となる行為には、予算とは別に、その法的根拠が必要となる。国費支出に国会の議決が必要とされるのは、財政民主主義からみて当然のことであるが、国会の議決があればどのような支出でも行いうるものではなく、種々の憲法規定に反する場合は違憲となる。とくに、憲法89条は、①宗教上の組織・団体の使用、便益、維持のための公金支出・公財産の供用や、②公の支配に属しない慈善、教育若しくは博愛の事業に対する公金支出・公財産の供用を禁じている。　　　　　　　　〈片桐直人〉

❷❾❼ 私学助成（しがくじょせい）　私立学校法59条及び私立学校振興助成法は、私立学校に対する公費助成措置を具体化している。これを一般に私学助成という。同時に、私立学校振興助成法は、所轄庁に、助成を受ける学校法人に対して、①助成について必要があると認める場合に、その業務や会計の報告を求め、または職員に質問させ、帳簿その他の物件を検査すること、②学則で定められた収容定員を超えて入学させた場合に是正を命ずること、③当該学校法人の予算が助成の目的に照らして不適当であると認められる際の変更を勧告すること、④法違反の役員の解職を勧告するといった権限を認める（12

条)。憲法89条は、公の支配に属さない教育事業に対する公金支出を禁じており、かかる程度の統制で、公の支配に属しているというに十分かが問題とされてきた。この点、公の支配に関する厳格説に立てば違憲であるということになろうが、学校教育事業が元来公的性質を持ち、教育基本法や学校教育法などの種々の規制に服していることも踏まえつつ、合憲であると解するのが支配的である。　　　〈片桐直人〉

❷❾❽会計検査院（かいけいけんさいん）　会計検査院は、国の収入支出の決算、政府関係機関・独立行政法人等の会計、国が補助金等の財政援助を与えているものの会計などの検査を行う機関である。会計検査院は、3人の検査官からなる検査官会議と事務総局から組織される（会計検査院法2条）。検査官の任命は両議院の同意を得て内閣が行い、天皇が認証する。会計検査院の長は、検査官の互選によって選ばれた者が内閣によって任命され、検査官会議の議長をつとめる。会計検査院は、職務の重要性に鑑み、内閣に対して独立の地位を有するものとされ（同法1条）、検査官には強い身分保障が与えられる（同法6条以下）。会計検査院は、決算の検査を行い、それを確認し、検査報告を作成するとともに、財務の執行過程についての統制機関として、常時会計検査を行い、会計経理の監督を行う。検査は、正確性、合規性、経済性、効率性、有効性の観点から行われる。近年では、検査院が必要と認める事項について随時報告ができることとなったほか、各議院やその委員会等が検査院に対して特定の事項に関する検査及び報告を要請できるようになり、その機能が拡充されている。　〈片桐直人〉

❷❾❾予算（よさん）　予算とは、1会計年度における国の財政行為の準則である。恒常的に行われる国の財政処理のうち、計数的統制になじむものを予算として事前に議会の審議・議決にかけるという原則は、財政議会中心主義ないし財政民主主義の基本原則のひとつである。日本国憲法86条も、内閣は会計年度ごとに予算案を作成し、国会に提出して、審議・議決を経なければならないと定める。健全な財政運営のためには、会計年度の歳出は当該年度の歳入でまかなわれる必要があり、これを会計年度独立の原則という。憲法は、会計年度の期間を明らかにしていないが、90条が毎年の決算の提出を求めていることから、1年であると解されている（予算単年度主義）。憲法は、予算の審議・議決について、①衆議院先議、②両院の議決が異なる場合及び参議院が議決をしない場合の処理など、通常の法律とは異なる手続きを定めている。予算が一般国民の行為を一般的に規律するものではないこともあって、通説は、予算を法律とは異なる議決形式であると解する（予算法形式説）。また、憲法が、予算提案権を内閣にのみ認めていることから、国会は、内閣

の予算提案権を侵害しない範囲でのみ，予算を修正できるとされている。

〈片桐直人〉

⓷⓪⓪決算 決算とは，会計年度における財務の実績を示す確定的計数を内容とする計算書をいう。憲法90条は，決算について，すべて毎年度会計検査院の検査を受け，内閣が次の年度に検査報告とともに，国会に提出することを求めている。決算制度は，財務の事後的統制という意味でも，予算の合理的な編成や政策評価という観点からも，重要な意味を持つ。そこで，近年では，決算審査の内容を予算編成に反映させるために，次々年度予算編成が始まる前の秋の臨時国会中の提出が行われている。もっとも，しばしば決算審査の遅れも見られるところである。なお，決算に関して，憲法は，国会への提出を求めるのみで，国会の議決を要求するわけではなく，実務上は，明治憲法下の例にならって，各院がそれぞれ別個に審議し，承認するか否かを議決するという方法がとられており，事実上の報告案件として取り扱われている。

〈片桐直人〉

⓷⓪①地方自治の本旨 地方自治の本旨とは，地方公共団体の組織及び運営に関する事項を法律で定めるにあたって，立法者が遵守すべきものとされる規準である。憲法が採用する地方自治の基本原則を示すものであり，地方行政が地域の住民の需要を充足するという民主的要素と，地方行政が国から独立の機関によって行われるという自由主義的・分権主義的要素とをその内容とする。地方自治の本旨は，これらの要素に対応する住民自治と団体自治によって成るものとされる。地方自治の制度は法律によって規律されるが，地方自治の本旨は，この制度形成に関する立法の限界となるものである。すなわち国会は，地方自治の自由主義的・分権主義的・民主主義的要素を排除する法律を制定することはできない。たとえば地方公共団体を廃して国内全土を国の直轄とする法律や，地方議会から議決権限を奪って諮問機関とする法律は，地方自治の本旨に反するものとして違憲となる。

〈上代庸平〉

⓷⓪②自主財政権 自主財政権とは，地方公共団体が国から独立してその財政運営を担当し，自主的に予算の編成，収支の処理及び決算の認定を行う権限である。法律の定めるところにより，条例に基づいて地方税を賦課徴収する権限も，この自主財政権に含まれる。地方公共団体の財政運営は，法律に反しない限りにおいて，健全・独立を旨として行われなければならない（地方財政法2条）。それゆえ地方公共団体の財政は，住民の意思を反映した地方議会の議決する予算・決算に基づいて各地方公共団体が独立して運営し，独自の監査機関による審査が行われることによって独立性が担保される一方，財政状況の住民への公

表及び総務大臣などへの報告が義務付けられ，健全性が確保されるようになっている。したがって国が地方公共団体の財政運営の独立性を侵す場合はもちろん，国または他の地方公共団体の負担が転嫁されて財政の健全性が害される場合にも，自主財政権の侵害となる。　　　　　　　　　　〈上代庸平〉

303 自主立法権（じしゅりっぽうけん）　自主立法権とは，地方公共団体がその処理する事務に関して，国から独立して法規を制定する権限である。自主立法権の及ぶ範囲は，地方公共団体が処理する事務または法律によって特に委任のある事項に限られており，また自主立法は国の法令に違反してはならない。この自主立法権の及ぶ範囲においては，地方公共団体は国の法（命令・規則）とは原則として無関係に，独自に規定を設けることができる点に特徴があり，この点で国の法令の委任を受けて行われる委任立法とは異なる。日本国憲法は地方公共団体に条例を制定する権限を認め，自主立法権を付与している（憲94）。またこれを受けて，法律が地方公共団体に条例（地方自治法14条・96条），地方公共団体の長に規則（地方自治法15条），地方公共団体に設置される行政委員会に規則（地方公務員法8条5項など）を制定する権限を認めている。　　　　　〈上代庸平〉

304 条例（じょうれい）　条例とは，地方公共団体がその自治権に基づいて制定する自主立法である。地方公共団体の長および行政委員会が制定する規則を含む意味でも用いられる場合があるが，形式的には地方議会が，地方公共団体の処理する事務および特別の委任のある事項に関して制定する法規のみを指す（地方自治法14条1項）。条例は法律の範囲内で制定することができ，国の法令に反する条例は無効である。ある特定事項について国の法令と条例が併存する場合には，両者の対象事項と規定文言に加えて趣旨，目的，内容および効果を比較し，相互に矛盾抵触があるかどうかを判断する。地方公共団体が義務を課しまたは権利を制限する場合には，原則として条例によらなければならない（地方自治法14条2項）。条例による地方税の課税（地方税法3条）や財産権の制限はこの例である。また，条例には，相当程度に具体的な法律の委任のもと罰則を設けることができる（地方自治法14条3項）。
　　　　　　　　　　〈上代庸平〉

305 上乗せ・横だし条例（うわのせ・よこだしじょうれい）　同一の目的で同一の事項について規制する法律と条例が併存する場合に，法律の規制よりも厳しい規制を規定する条例を上乗せ条例，法律が規制対象外とする事項について規制対象とすることを規定する条例を横だし条例という。なお，法律が一定の水準を下回る事項を規制の対象外とするときに，その水準を下げて規制対象を広げる条例を裾切り条例といい，上乗せ・横だし条例の一種とされる。

条例は法律の範囲内で制定されなければならないため（地方自治法14条1項），法律との抵触が問題となる。判例は，条例が法律と異なる目的に基づくものでありかつ法律の目的・効果を妨げないときや，法律が地方の実情に応じた地方公共団体独自の規制をすることを容認する趣旨であると解されるときは，上乗せ・横だし条例は法律に抵触しないとする。逆に，法律がある事項に規制を施さず放置する趣旨であると解されるときは，これに規制を設ける上乗せ・横だし条例は違法となる。

〈上代庸平〉

306 住民自治　住民自治とは，地方行政がその地域の住民の意思に基づいて自主的に行われることを言い，団体自治とともに地方自治の本旨の一要素である。この住民自治は，住民の民主的意思が直接または間接に地方行政に反映されることを要請し，地方自治の民主主義的要素に関わっている。地方における民主的な政治のあり方に関わる原則であるため，政治的意味の自治とも呼ばれる。日本国憲法が，地方自治について，住民の直接選挙によって選出された地方公共団体の長・議会を通じての間接民主制を採り，（憲93），さらに地方特別法の制定に際しての住民投票のような直接民主制的な制度をも採用している（憲95）ことが，住民自治の保障の現れである。この原則に従って，法律により住民の意思を地方行政に反映させるための直接

請求制度が採用されている。条例制定・改廃請求（地方自治法74条），議会解散請求（地方自治法76条），議員または長の解職請求（地方自治法80条，81条）などがその例である。

〈上代庸平〉

307 団体自治　団体自治とは，地方自治が国から独立した団体にゆだねられ，その団体自らの意思と責任に基づいて行われることを言い，住民自治とともに地方自治の本旨の一要素である。団体自治は，地方自治の自由主義的・分権主義的要素に基づいて，地方公共団体に自治的権能を分与することを要請する。法律によって形成される地方行政の諸制度や権限の帰属に関わる原則であるため，法律的意味の自治とも呼ばれる。日本国憲法が地方公共団体に自主的権能（憲94）を付与するだけでなく，地方固有の機関である長や地方議会がこの権能の行使に当たる（憲93）ことは，団体自治の保障の現れである。この原則に従って，法律上も，地方公共団体が地方行政を自主的かつ総合的に担うとともに，国は地方公共団体の自主性と自立性を尊重し，住民に身近な行政はできる限り地方公共団体にゆだねることを基本として，役割を分担するものとされている（地方自治法1条，1条の2）。

〈上代庸平〉

308 自治事務　地方自治法上の概念である自治事務とは，地方公共団体が処理する事務のうち，法

定受託事務を除いた一切の事務である（地方自治法2条8項）。これに対して、国または都道府県が本来処理すべきものを、法令によって地方公共団体の事務として処理させる事務を、法定受託事務という（地方自治法2条9項）。自治事務は、法令に従って地方公共団体が自主的かつ自立的に処理すべき事務であり、地方自治行政の中核に位置付けられるものである。そのため、法令により地方公共団体が処理することとされる事務が自治事務である場合には、国は、地方公共団体が地域の特性に応じてこの事務を処理することができるよう特に配慮しなければならない。（地方自治法2条13項）。そのため国または都道府県の関与は、地方公共団体の自主性・自立性を確保する観点から、法定受託事務の場合に比べて制限されている（地方自治法245条の3、245条の5、245条の6）。　　〈上代庸平〉

�220 地方自治特別法

地方自治特別法とは、日本国憲法95条で「一の地方公共団体のみに適用される特別法」とされるものである。この意味は一般的に、一個に限らない、特定の地方公共団体を対象として、その本質にかかわるような不平等・不利益な特例を設ける内容の法律であると解されている。同法41条は国会を「国の唯一の立法機関」とし国会単独立法の原則を示しているが、同法95条は、この特別法の制定には、両議院の可決だけではなく、地方公共団体の住民の意思の確認が「その過半数の同意」でもって必要であるとし、その例外の一つとなる。地方制度が国の立法政策に委ねられていた以前の明治憲法に対して、地方自治が保障された日本国憲法では、地方公共団体の自治権を国家により不当に制約することは国の法律によってでも許されない趣旨がここにみられる。これまでの地方自治特別法の例として、広島平和記念都市建設法などがある。　〈築山欣央〉

ⓠ首相公選制

首相公選制とは、国民が直接選挙で、総理大臣を選ぶ制度であり、首相のリーダーシップを強化し、民主的正統性を高めることが期待されている。また、現在は、実質的に与党内部での選挙によって首相が決定されていることから、国民が期待する政治家を首相に選ぶことによって、政治への関心を高めるという効果も予想される。ただし、憲法67条1項は、「内閣総理大臣は、国会議員の中から国会の議決で、これを指名する」と規定していることから、現行憲法の枠内で制度化することは困難である。小泉首相の私的諮問機関である「首相公選制を考える懇談会」は、国民が指名選挙を行う大統領型の公選制、議院内閣制を前提とした公選制、及び現行憲法の枠内での改革を提示した。首相公選制に対しては、首相と議会が別々に選挙を実施すると、首相が議会多数派の支持を得るという保障はなくなり、リーダーシップを発揮する

ことには直結しない，という批判がある。　　　　　　　　　　〈福井康佐〉

⓷⓵⓵ 連邦制

連邦制とは，中央政府と地方政府の間の権限分割が保障され，その権限の範囲内で，各レベルの政府が最終決定を下すことができる政治組織である。連邦制を採用する国（アメリカ，ドイツ，スイスなど）では，ある程度強い地方分権が保障される。連邦制の特徴としては，まず，議会二院制を採用し，各地域を代表する連邦院が強い権限を有することである。また，連邦制の憲法は，改正に議会の特別の多数ないしは国民投票を必要とする硬性憲法であることが多い。そして，違憲審査制が存在し，それは硬性憲法によって補完される。違憲審査権の行使が積極的行われても，憲法が容易に改正されるのであれば，その意味を失うからである。これらの特徴には，議会の多数派の意思を必要に応じて抑制するという意味がある。連邦制の国であるスイス・オーストラリアでは，憲法改正国民投票において，全体の多数だけではなく，州の多数を要求する（二重の承認）のも同様の効果をもつ。　　　　　〈福井康佐〉

⓷⓵⓶ オンブズマン

オンブズマン制度とは，議会などから任命された者が公正な立場で，独立して行政活動を監視するもので，行政機関や公務員により民の権利・利益が違法又は不当に侵害された場合，簡易迅速な仕方でその調査や民の救済・保護の活動をするものである。「オンブズマン（ombudsman）」は，スウェーデン語で，選任された代理人を意味する言葉である。19世紀の初め，スウェーデン議会は法の支配の原理に照らし行政機関等の監視のため，その代理人としてオンブズマンを選任した。これはその後，スウェーデンでは国民の権利・自由を保護する制度として発展し，20世紀以降，行政国家や福祉国家となった各国でも導入されていった。日本では，国のレベルでこの制度はまだ設けられておらず，自治体のレベルでは，1990年に川崎市が条例に基づき一般行政全体を対象とする川崎市市民オンブズマンを設置し，これ以降，その他の自治体でも導入がなされてきている。　　　　　〈築山欣央〉

⓷⓵⓷ 憲法改正

憲法を改正する手続は，国によって異なり，通常の立法と同様に，議会の出席議員の過半数で憲法を改正するもの（軟性憲法）もあるが，多くの国の憲法は，最高法規であること，議会多数派の意思をある程度抑制する必要性があること等の理由から，通常の立法よりも厳格な改正手続をとるもの（硬性憲法）となっている。硬性憲法には，議会の特別多数，連続する二つの会期での承認，議会承認と国民投票での承認といった様々な改正の形態がある。日本国憲法は，両院の特別多数による発議と国民投票を伴う改正手続をとることから，硬性憲法と位置付けられる。硬性憲法

は，憲法の高度の安定性を求めながらも，社会情勢の変化に対応するための装置である。ただし，憲法の改正手続の硬軟と実際の改正の頻度はそれほど強い因果関係がない。ドイツのように，硬性憲法でも改正が多い国もある。また，改正には，民主主義原理の否定や基本的人権の剥奪の禁止といった内容的な限界がある。　　　　〈福井康佐〉

❸⓮ 憲法調査会 （けんぽうちょうさかい）

平成11年の第145回国会において，国会法が改正され，「日本国憲法について広範かつ総合的に調査を行うため」（国会法102条の6）に，各議院に設置された機関である。施行から，60年近く経過した日本国憲法の問題点を議論することを目的としていた。しかしながら，議案提出権はなく，2005年7月に各院の議長に最終報告書を提出して，活動を終了した。その後，衆議院では，「日本国憲法に関する調査特別委員会」が，参議院では，引き続き憲法調査会が設置されて，2007年成立までの間，国民投票法の審議を行った。現在は，両院に，憲法改正原案，日本国憲法に係る改正の発議又は国民投票に関する法律案等を審査する機関として，憲法審査会が設置されている。なお，1957年，内閣に「憲法調査会」（旧調査会）が設けられ，憲法の制定過程，憲法の運用の実際，改正の是非などについての活発な議論を展開し，1964年に最終報告書を提出した。　　　〈福井康佐〉

❸⓯ 国民投票 （こくみんとうひょう）

国民投票とは，国民が国政上の重要問題を直接的に決定する制度であり，発議する機関によって，政府または議会が発議する「上からの」国民投票と，国民が発議する「下からの」国民投票に大別される。発議を経ずに，EUなどの国際機関への加盟，安全保障に関連する条約の批准といった重要問題については，必ず国民投票を実施しなければならない，と憲法に規定されている場合もある。上からの国民投票は，憲法改正・条約批准といった重要問題について実施される。政府・政権与党の政治的便宜で実施される場合が多いが，結果は必ずしも，政府の提案が支持されるとは限らない。憲法96条の憲法改正国民投票も，このタイプであり，2007年に手続法である国民投票法が制定された。下からの国民投票は，様々な議題が提示され，民意が十分に反映された国政の運営が期待されるが，投票所に行く頻度が高く，投票案件も多いために，投票者の情報獲得に負担がかかる。　　　　〈福井康佐〉

❸⓰ 憲法保障 （けんぽうほしょう）

憲法保障とは，憲法の内容が，それより下位の法令や措置によって，脅かされたり不当に変質されることのないように，事前の防止策や事後の是正措置などによって，憲法が守られることを確保すること（またはその方法）をいう。合憲性の統制ともよばれる。憲法保障の方法としては，大別して，①憲法自身

が定める保障（正規の憲法保障）と，②超憲法的な根拠による保障（非常手段的憲法保障）がある。①については，日本国憲法でいえば，憲法の最高法規性の宣言（憲98①）のほか，予防的措置として公務員等に対する憲法尊重擁護義務（憲99），権力分立制の採用（憲41・65・76①），厳格な憲法改正手続（憲96）があり，事後的な是正手段として違憲審査制（憲81等）がある。②については，抵抗権と国家緊急権があげられる。このほか，刑法上の内乱罪（77-80条）など，法律においても憲法保障を意図するものがある。

〈尾形　健〉

❸❶❼最高法規（さいこうほうき） 最高法規とは，一般に，最も強い形式的効力をもつ成文法をいう。日本国憲法98条1項は，憲法が国の最高法規であることを明らかにするが，憲法が最高法規であるとは，国の法体系において，憲法が，①最も重要な規範内容をもち，また，②最も強い形式的効力をもつことを意味するとされる。憲法の条規に反する法令等は効力を有しないが（同条項），これを判断するものが裁判所の違憲審査権（憲81等）である。憲法違反のタイプとしては，法形式上の違反，法制定手続上の違反，法内容上の違反が考えられる。98条については，1項との関係で，旧憲法下の法令の現行憲法下での効力が問題となった（最大判昭27・12・24参照）ほか，2項が条約と確立された国際法規の遵守を求める関係で，国際法と国内法の関係についても問題となる。

〈尾形　健〉

❸❶❽根本規範（こんぽんきはん） 根本規範とは，おなじ秩序に属するすべての法規範の妥当性の究極の根拠となるものをいう。これによって，多数の法規範のあいだに一つの体系・秩序が創出・形成される。ここでの妥当性とは，ある命令行為の意味を法と認識する理論的根拠（法の認識論拠）を意味するものとされる。また，根本規範は，法論理の上で妥当するものとして仮設・擬制（ぎせい）されたものであって，思惟（しい）上前提とされたもので実定化されたものではない，といわれる。ケルゼン（H. Kelsen）等によって主張された。わが国の憲法学では，ケルゼンとは異なり，「根本規範」を，単に前提とされるだけでなく実定化された法規範と解し，憲法を根拠づけ，その内容を制約するもの（憲法の憲法）ととらえ，日本国憲法上は国民主権主義，基本的人権尊重主義，永久平和主義，個人の尊厳原理がその内容となるとする立場がある（清宮四郎）。ここにいう根本規範は，憲法改正の限界をなすとされる。

〈尾形　健〉

❸❶❾憲法尊重擁護義務（けんぽうそんちょうようごぎむ） 憲法尊重擁護義務とは，憲法を尊重し擁護する義務をいう。憲法保障制度のうちの一つである。日本国憲法99条は，天皇・摂政その他の公務員についてこの義務を定めるが，これは憲法が法の支配を基本とする最高

法規であることの現れといわれる。各国憲法には公務員等による憲法遵守宣誓を規定するものがあるが，わが国では，法律上，公務員就任の際に憲法尊重擁護の宣誓を求めるものがある（警察法3条，国家公務員法6条1項・人事院規則2-0〔人事官の宣誓〕など参照）。99条は国民に言及していないが，それは，一般に国民がこの義務を負うことは当然のことと解されていることによる。また，そこには，国民が憲法制定権力の担い手であることが明らかにされ，かつ，国民に対し憲法忠誠を求めない憲法の姿勢（憲法の敵にも自由を与える）が示されるという意味があることも指摘される。

〈尾形　健〉

⓷⓶⓪ 立憲主義と民主主義

立憲主義と民主主義とは，両者の理論的関係を考える問題設定をいう。わが国の代表的学説は，両者について，①自由の確保は，国民の国政への積極的な参加が確立する体制においてはじめて現実のものとなり，また，②民主主義は，個人尊重の原理を基礎とするので，すべての国民の自由と平等が確保されて始めて開花する，という関係にあることから，立憲主義と民主主義とは密接に結びつくものと捉えた（芦部信喜）。一方，他者からの恣意的な強制を受けないことを自由と解する立場からは，自由は政治参加によってではなく，むしろ国家権力の最小化によってもたらされるため，両者の関連性を疑問視する指摘がなされている。このほか，最近では，単純な多数決による憲法改正を認めない硬性憲法は，多数決による民主主義からどのように正当化されるか，などといった，より原理的な次元でも両者の関係が問題とされている。

〈尾形　健〉

日 本 国 憲 法

日本国憲法公布記念式典の勅語

本日，日本国憲法を公布せしめた。

この憲法は，帝国憲法を全面的に改正したものであつて，国家再建の基礎を人類普遍の原理に求め，自由に表明された国民の総意によつて確定されたのである。即ち，日本国民は，みづから進んで戦争を放棄し，全世界に，正義と秩序とを基調とする永遠の平和が実現することを念願し，常に基本的人権を尊重し，民主主義に基いて国政を運営することを，ここに，明らかに定めたのである。

朕は，国民と共に，全力をあげ，相携へて，この憲法を正しく運用し，節度と責任とを重んじ，自由と平和とを愛する文化国家を建設するやうに努めたいと思ふ。

朕は，日本国民の総意に基いて，新日本建設の礎が，定まるに至つたことを，深くよろこび，枢密顧問の諮詢及び帝国憲法第七十三条による帝国議会の議決を経た帝国憲法の改正を裁可し，ここにこれを公布せしめる。

御 名 御 璽

昭和21年11月3日

内閣総理大臣兼外務大臣	吉田　茂
国 務 大 臣　男爵	幣原喜重郎
司 法 大 臣	木村篤太郎
内 務 大 臣	大村　清一
文 部 大 臣	田中耕太郎
農 林 大 臣	和田　博雄
国 務 大 臣	斎藤　隆夫
逓 信 大 臣	一松　定吉
商 工 大 臣	星島　二郎
厚 生 大 臣	河合　良成
国 務 大 臣	植原悦二郎
運 輸 大 臣	平塚常次郎
大 蔵 大 臣	石橋　湛山
国 務 大 臣	金森徳次郎
国 務 大 臣	膳　桂之助

日本国憲法

日本国民は，正当に選挙された国会における代表者を通じて行動し，われらとわれらの子孫のために，諸国民との協和による成果と，わが国全土にわたつて自由のもたらす恵沢を確保し，政府の行為によつて再び戦争の惨禍が起ることのないやうにすることを決意し，ここに主権が国民に存することを宣言し，この憲法を確定する。そもそも国政は，国民の厳粛な信託によるものであつて，その権威は国民に由来し，その権力は国民の代表者がこれを行使し，その福利は国民がこれを享受する。これは人類普遍の原理であり，この憲法は，かかる原理に基くものである。われらは，これに反する一切の憲法，法令及び詔勅を排除する。

日本国民は，恒久の平和を念願し，人間相互の関係を支配する崇高な理想を深く自覚するのであつて，平和を愛する諸国民の公正と信義に信頼して，われらの安全と生存を保持しようと決意した。われらは，平和を維持し，専制と隷従，圧迫と偏狭を地上から永遠に除去しようと努めてゐる国際社会において，名誉ある地位を占めたいと思ふ。われらは，全世界の国民が，ひとしく恐怖と欠乏から免かれ，平和のうちに生存する権利を有することを確認する。

われらは，いづれの国家も，自国のことのみに専念して他国を無視してはならないのであつて，政治道徳の法則は，普遍的なものであり，この法則に従ふことは，自国の主権を維持し，他国と対等関係に立たうとする各国の責務であると信ずる。

日本国民は，国家の名誉にかけ，全力をあげてこの崇高な理想と目的を達成することを誓ふ。

第1章　天　皇

第1条〔天皇の地位，国民主権〕　天皇は，日本国の象徴であり日本国民統合の象徴であつて，この地位は，主権の存する日本国民の総意に基く。

第2条〔皇位の継承〕　皇位は，世襲のものであつて，国会の議決した皇室典範の定めるところにより，これを継承する。

第3条〔天皇の国事行為に対する内閣の助言と承認〕　天皇の国事に関するすべての行為には，内閣の助言と承認を必要とし，内閣が，その責任を負ふ。

第4条〔天皇の権能の限界，天皇の国事行為の委任〕　①　天皇は，この憲法の定める国事に関する行為のみを行ひ，国政に関する権能を有しない。

②　天皇は，法律の定めるところにより，その国事に関する行為を委任することができる。

第5条〔摂政〕　皇室典範の定めるところにより摂政を置くときは，摂政は，天皇の名でその国事に関する行為を行ふ。この場合には，前条第一項の規定を準用する。

第6条〔天皇の任命権〕　①　天皇は，国会の指名に基いて，内閣総理大臣を任命する。

②　天皇は，内閣の指名に基いて，最高裁判所の長たる裁判官を任命する。

第7条〔天皇の国事行為〕　天皇は，内閣の助言と承認により，国民のために，左の国事に関する行為を行ふ。

1　憲法改正，法律，政令及び条約を公布すること。
2　国会を召集すること。
3　衆議院を解散すること。
4　国会議員の総選挙の施行を公示すること。
5　国務大臣及び法律の定めるその他の官吏の任免並びに全権委任状及び大使及び公使の信任状を認証すること。
6　大赦，特赦，減刑，刑の執行の免除及び復権を認証すること。
7　栄典を授与すること。
8　批准書及び法律の定めるその他の外交文書を認証すること。
9　外国の大使及び公使を接受すること。
10　儀式を行ふこと。

第8条〔皇室の財産授受〕　皇室に財産を譲り渡し，又は皇室が，財産を譲り受け，若しくは賜与することは，国会の議決に基かなければならない。

第2章　戦争の放棄

第9条〔戦争の放棄・戦力及び交戦権の否認〕
①　日本国民は，正義と秩序を基調とする国際平和を誠実に希求し，国権の発動たる戦争と，武力による威嚇又は武力の行使は，国際紛争を解決する手段としては，永久にこれを放棄する。

②　前項の目的を達するため，陸海空軍その他の戦力は，これを保持しない。国の交戦権は，これを認めない。

第3章　国民の権利及び義務

第10条〔国民の要件〕　日本国民たる要件は，法律でこれを定める。

第11条〔基本的人権の享有〕　国民は，すべての基本的人権の享有を妨げられない。この憲法が国民に保障する基本的人権は，侵すことのできない永久の権利として，現在及び将来の国民に与へられる。

第12条〔自由，権利の保持の責任とその濫用の禁止〕　この憲法が国民に保障する自由及び権利は，国民の不断の努力によつて，これを保持しなければならない。又，国民は，これを濫用してはならないのであつて，常に公共の福祉のためにこれを利用する責任を負ふ。

第13条〔個人の尊重幸福追求権・公共の福祉〕　すべて国民は，個人として尊重される。生命，自由及び幸福追求に対する国民の権利については，公共の福祉に反しない限り，立法その他の国政の上で，最大の尊重を必要とする。

第14条〔法の下の平等・貴族の禁止・栄典〕
①　すべて国民は，法の下に平等であつて，人種，信条，性別，社会的身分又は門地により，政治的，経済的又は社会的関係において，差別されない。

②　華族その他の貴族の制度は，これを認めない。

③　栄誉，勲章その他の栄典の授与は，いかなる特権も伴はない。栄典の授与は，現にこれを有し，又は将来これを受ける者の一代に限り，その効力を有する。

第15条〔公務員の選定及び罷免権・公務員の

本質・普通選挙の保障・秘密投票の保障〕
① 公務員を選定し，及びこれを罷免することは，国民固有の権利である。
② すべて公務員は，全体の奉仕者であつて，一部の奉仕者ではない。
③ 公務員の選挙については，成年者による普通選挙を保障する。
④ すべて選挙における投票の秘密は，これを侵してはならない。選挙人は，その選択に関し公的にも私的にも責任を問はれない。

第16条〔請願権〕何人も，損害の救済，公務員の罷免，法律，命令又は規則の制定，廃止又は改正その他の事項に関し，平穏に請願する権利を有し，何人も，かかる請願をしたためにいかなる差別待遇も受けない。

第17条〔国及び公共団体の賠償責任〕何人も，公務員の不法行為により，損害を受けたときは，法律の定めるところにより，国又は公共団体に，その賠償を求めることができる。

第18条〔奴隷的拘束及び苦役からの自由〕何人も，いかなる奴隷的拘束も受けない。又，犯罪に因る処罰の場合を除いては，その意に反する苦役に服させられない。

第19条〔思想及び良心の自由〕思想及び良心の自由は，これを侵してはならない。

第20条〔信教の自由〕① 信教の自由は，何人に対してもこれを保障する。いかなる宗教団体も，国から特権を受け，又は政治上の権力を行使してはならない。
② 何人も，宗教上の行為，祝典，儀式又は行事に参加することを強制されない。
③ 国及びその機関は，宗教教育その他いかなる宗教的活動もしてはならない。

第21条〔集会・結社・表現の自由，通信の秘密〕① 集会，結社及び言論，出版その他一切の表現の自由は，これを保障する。
② 検閲は，これをしてはならない。通信の秘密は，これを侵してはならない。

第22条〔居住，移転及び職業選択の自由・外国移住・国籍離脱の自由〕① 何人も，公共の福祉に反しない限り，居住，移転及び職業選択の自由を有する。
② 何人も，外国に移住し，又は国籍を離脱する自由を侵されない。

第23条〔学問の自由〕学問の自由は，これを保障する。

第24条〔家族生活における個人の尊厳と両性の平等〕① 婚姻は，両性の合意のみに基いて成立し，夫婦が同等の権利を有することを基本として，相互の協力により，維持されなければならない。
② 配偶者の選択，財産権，相続，住居の選定，離婚並びに婚姻及び家族に関するその他の事項に関しては，法律は，個人の尊厳と両性の本質的平等に立脚して，制定されなければならない。

第25条〔生存権，国の社会的使命〕① すべて国民は，健康で文化的な最低限度の生活を営む権利を有する。
② 国は，すべての生活部面について，社会福祉，社会保障及び公衆衛生の向上及び増進に努めなければならない。

第26条〔教育を受ける権利，教育の義務〕① すべて国民は，法律の定めるところにより，その能力に応じて，ひとしく教育を受ける権利を有する。
② すべて国民は，法律の定めるところにより，その保護する子女に普通教育を受けさせる義務を負ふ。義務教育は，これを無償とする。

第27条〔勤労の権利及び義務，勤労条件の基準，児童酷使の禁止〕① すべて国民は，勤労の権利を有し，義務を負ふ。
② 賃金，就業時間，休息その他の勤労条件に関する基準は，法律でこれを定める。
③ 児童は，これを酷使してはならない。

第28条〔勤労者の団結権〕勤労者の団結する権利及び団体交渉その他の団体行動をする権利は，これを保障する。

第29条〔財産権〕① 財産権は，これを侵してはならない。
② 財産権の内容は，公共の福祉に適合するやうに，法律でこれを定める。
③ 私有財産は，正当な補償の下に，これを公共のために用ひることができる。

第30条〔納税の義務〕国民は，法律の定めるところにより，納税の義務を負ふ。

第31条 〔法定の手続の保障〕 何人も，法律の定める手続によらなければ，その生命若しくは自由を奪はれ，又はその他の刑罰を科せられない。

第32条 〔裁判を受ける権利〕 何人も，裁判所において，裁判を受ける権利を奪はれない。

第33条 〔逮捕の要件〕 何人も，現行犯として逮捕される場合を除いては，権限を有する司法官憲が発し，且つ理由となつてゐる犯罪を明示する令状によらなければ，逮捕されない。

第34条 〔抑留・拘禁の要件，不法拘禁に対する保障〕 何人も，理由を直ちに告げられ，且つ，直ちに弁護人に依頼する権利を与へられなければ，抑留又は拘禁されない。又，何人も，正当な理由がなければ，拘禁されず，要求があれば，その理由は，直ちに本人及びその弁護人の出席する公開の法廷で示されなければならない。

第35条 〔住居の不可侵〕 ① 何人も，その住居，書類及び所持品について，侵入，捜索及び押収を受けることのない権利は，第三十三条の場合を除いては，正当な理由に基いて発せられ，且つ捜索する場所及び押収する物を明示する令状がなければ，侵されない。
② 捜索又は押収は，権限を有する司法官憲が発する各別の令状により，これを行ふ。

第36条 〔拷問及び残虐刑の禁止〕 公務員による拷問及び残虐な刑罰は，絶対にこれを禁ずる。

第37条 〔刑事被告人の権利〕 ① すべて刑事事件においては，被告人は，公平な裁判所の迅速な公開裁判を受ける権利を有する。
② 刑事被告人は，すべての証人に対して審問する機会を充分に与へられ，又，公費で自己のために強制的手続により証人を求める権利を有する。
③ 刑事被告人は，いかなる場合にも，資格を有する弁護人を依頼することができる。被告人が自らこれを依頼することができないときは，国でこれを附する。

第38条 〔自己に不利益な供述，自白の証拠能力〕 ① 何人も，自己に不利益な供述を強要されない。
② 強制，拷問若しくは脅迫による自白又は不当に長く抑留若しくは拘禁された後の自白は，これを証拠とすることができない。
③ 何人も，自己に不利益な唯一の証拠が本人の自白である場合には，有罪とされ，又は刑罰を科せられない。

第39条 〔遡及処罰の禁止・一事不再理〕 何人も，実行の時に適法であつた行為又は既に無罪とされた行為については，刑事上の責任を問はれない。又，同一の犯罪について，重ねて刑事上の責任を問はれない。

第40条 〔刑事補償〕 何人も，抑留又は拘禁された後，無罪の裁判を受けたときは，法律の定めるところにより，国にその補償を求めることができる。

第4章 国 会

第41条 〔国会の地位・立法権〕 国会は，国権の最高機関であつて，国の唯一の立法機関である。

第42条 〔両院制〕 国会は，衆議院及び参議院の両議院でこれを構成する。

第43条 〔両議院の組織・代表〕 ① 両議院は，全国民を代表する選挙された議員でこれを組織する。
② 両議院の議員の定数は，法律でこれを定める。

第44条 〔議員及び選挙人の資格〕 両議院の議員及びその選挙人の資格は，法律でこれを定める。但し，人種，信条，性別，社会的身分，門地，教育，財産又は収入によつて差別してはならない。

第45条 〔衆議院議員の任期〕 衆議院議員の任期は，四年とする。但し，衆議院解散の場合には，その期間満了前に終了する。

第46条 〔参議院議員の任期〕 参議院議員の任期は，六年とし，三年ごとに議員の半数を改選する。

第47条 〔選挙に関する事項〕 選挙区，投票の方法その他両議院の議員の選挙に関する事項は，法律でこれを定める。

第48条 〔両議院議員兼職の禁止〕 何人も，同時に両議院の議員たることはできない。

第49条〔議員の歳費〕 両議院の議員は、法律の定めるところにより、国庫から相当額の歳費を受ける。

第50条〔議員の不逮捕特権〕 両議院の議員は、法律の定める場合を除いては、国会の会期中逮捕されず、会期前に逮捕された議員は、その議院の要求があれば、会期中これを釈放しなければならない。

第51条〔議員の発言・表決の無責任〕 両議院の議員は、議院で行つた演説、討論又は表決について、院外で責任を問はれない。

第52条〔常会〕 国会の常会は、毎年一回これを召集する。

第53条〔臨時会〕 内閣は、国会の臨時会の召集を決定することができる。いづれかの議院の総議員の四分の一以上の要求があれば、内閣は、その召集を決定しなければならない。

第54条〔衆議院の解散・特別会、参議院の緊急集会〕 ① 衆議院が解散されたときは、解散の日から四十日以内に、衆議院議員の総選挙を行ひ、その選挙の日から三十日以内に、国会を召集しなければならない。
② 衆議院が解散されたときは、参議院は、同時に閉会となる。但し、内閣は、国に緊急の必要があるときは、参議院の緊急集会を求めることができる。
③ 前項但書の緊急集会において採られた措置は、臨時のものであつて、次の国会開会の後十日以内に、衆議院の同意がない場合には、その効力を失ふ。

第55条〔資格争訟の裁判〕 両議院は、各ミその議員の資格に関する争訟を裁判する。但し、議員の議席を失はせるには、出席議員の三分の二以上の多数による議決を必要とする。

第56条〔定足数、表決〕 ① 両議院は、各ミその総議員の三分の一以上の出席がなければ、議事を開き議決することができない。
② 両議院の議事は、この憲法に特別の定のある場合を除いては、出席議員の過半数でこれを決し、可否同数のときは、議長の決するところによる。

第57条〔会議の公開、会議録、表決の記載〕
① 両議院の会議は、公開とする。但し、出席議員の三分の二以上の多数で議決したときは、秘密会を開くことができる。
② 両議院は、各ミその会議の記録を保存し、秘密会の記録の中で特に秘密を要すると認められるもの以外は、これを公表し、且つ一般に頒布しなければならない。
③ 出席議員の五分の一以上の要求があれば、各議員の表決は、これを会議録に記載しなければならない。

第58条〔役員の選任、議院規則・懲罰〕 ① 両議院は、各ミその議長その他の役員を選任する。
② 両議院は、各ミその会議その他の手続及び内部の規律に関する規則を定め、又、院内の秩序をみだした議員を懲罰することができる。但し、議員を除名するには、出席議員の三分の二以上の多数による議決を必要とする。

第59条〔法律案の議決、衆議院の優越〕 ① 法律案は、この憲法に特別の定のある場合を除いては、両議院で可決したとき法律となる。
② 衆議院で可決し、参議院でこれと異なつた議決をした法律案は、衆議院で出席議員の三分の二以上の多数で再び可決したときは、法律となる。
③ 前項の規定は、法律の定めるところにより、衆議院が、両議院の協議会を開くことを求めることを妨げない。
④ 参議院が、衆議院の可決した法律案を受け取つた後、国会休会中の期間を除いて六十日以内に、議決しないときは、衆議院は、参議院がその法律案を否決したものとみなすことができる。

第60条〔衆議院の予算先議、予算議決に関する衆議院の優越〕 ① 予算は、さきに衆議院に提出しなければならない。
② 予算について、参議院で衆議院と異なつた議決をした場合に、法律の定めるところにより、両議院の協議会を開いても意見が一致しないとき、又は参議院が、衆議院の可決した予算を受け取つた後、国会休会中の期間を除いて三十日以内に、議決しないときは、衆議院の議決を国会の議決とする。

第61条〔条約の承認に関する衆議院の優越〕

条約の締結に必要な国会の承認については，前条第二項の規定を準用する。

第62条〔議院の国政調査権〕 両議院は，各々国政に関する調査を行ひ，これに関して，証人の出頭及び証言並びに記録の提出を要求することができる。

第63条〔閣僚の議院出席の権利と義務〕 内閣総理大臣その他の国務大臣は，両議院の一に議席を有すると有しないとにかかはらず，何時でも議案について発言するため議院に出席することができる。又，答弁又は説明のため出席を求められたときは，出席しなければならない。

第64条〔弾劾裁判所〕 ① 国会は，罷免の訴追を受けた裁判官を裁判するため，両議院の議員で組織する弾劾裁判所を設ける。
② 弾劾に関する事項は，法律でこれを定める。

第5章 内 閣

第65条〔行政権〕 行政権は，内閣に属する。

第66条〔内閣の組織，国会に対する連帯責任〕 ① 内閣は，法律の定めるところにより，その首長たる内閣総理大臣及びその他の国務大臣でこれを組織する。
② 内閣総理大臣その他の国務大臣は，文民でなければならない。
③ 内閣は，行政権の行使について，国会に対し連帯して責任を負ふ。

第67条〔内閣総理大臣の指名，衆議院の優越〕 ① 内閣総理大臣は，国会議員の中から国会の議決で，これを指名する。この指名は，他のすべての案件に先だつて，これを行ふ。
② 衆議院と参議院とが異なつた指名の議決をした場合に，法律の定めるところにより，両議院の協議会を開いても意見が一致しないとき，又は衆議院が指名の議決をした後，国会休会中の期間を除いて十日以内に，参議院が，指名の議決をしないときは，衆議院の議決を国会の議決とする。

第68条〔国務大臣の任命及び罷免〕 内閣総理大臣は，国務大臣を任命する。但し，その過半数は，国会議員の中から選ばれなければならない。
② 内閣総理大臣は，任意に国務大臣を罷免することができる。

第69条〔内閣不信任決議の効果〕 内閣は，衆議院で不信任の決議案を可決し，又は信任の決議案を否決したときは，十日以内に衆議院が解散されない限り，総辞職をしなければならない。

第70条〔内閣総理大臣の欠缺・新国会の召集と内閣の総辞職〕 内閣総理大臣が欠けたとき，又は衆議院議員総選挙の後に初めて国会の召集があつたときは，内閣は，総辞職をしなければならない。

第71条〔総辞職後の内閣〕 前二条の場合には，内閣は，あらたに内閣総理大臣が任命されるまで引き続きその職務を行ふ。

第72条〔内閣総理大臣の職務〕 内閣総理大臣は，内閣を代表して議案を国会に提出し，一般国務及び外交関係について国会に報告し，並びに行政各部を指揮監督する。

第73条〔内閣の職務〕 内閣は，他の一般行政事務の外，左の事務を行ふ。
 1 法律を誠実に執行し，国務を総理すること。
 2 外交関係を処理すること。
 3 条約を締結すること。但し，事前に，時宜によつては事後に，国会の承認を経ることを必要とする。
 4 法律の定める基準に従ひ，官吏に関する事務を掌理すること。
 5 予算を作成して国会に提出すること。
 6 この憲法及び法律の規定を実施するために，政令を制定すること。但し，政令には，特にその法律の委任がある場合を除いては，罰則を設けることができない。
 7 大赦，特赦，減刑，刑の執行の免除及び復権を決定すること。

第74条〔法律・政令の署名〕 法律及び政令には，すべて主任の国務大臣が署名し，内閣総理大臣が連署することを必要とする。

第75条〔国務大臣の特典〕 国務大臣は，その在任中，内閣総理大臣の同意がなければ，訴追されない。但し，これがため，訴追の権利は，害されない。

第6章 司法

第76条〔司法権・裁判所，特別裁判所の禁止，裁判官の独立〕① すべて司法権は，最高裁判所及び法律の定めるところにより設置する下級裁判所に属する。
② 特別裁判所は，これを設置することができない。行政機関は，終審として裁判を行ふことができない。
③ すべて裁判官は，その良心に従ひ独立してその職権を行ひ，この憲法及び法律にのみ拘束される。

第77条〔最高裁判所の規則制定権〕① 最高裁判所は，訴訟に関する手続，弁護士，裁判所の内部規律及び司法事務処理に関する事項について，規則を定める権限を有する。
② 検察官は，最高裁判所の定める規則に従はなければならない。
③ 最高裁判所は，下級裁判所に関する規則を定める権限を，下級裁判所に委任することができる。

第78条〔裁判官の身分の保障〕裁判官は，裁判により，心身の故障のために職務を執ることができないと決定された場合を除いては，公の弾劾によらなければ罷免されない。裁判官の懲戒処分は，行政機関がこれを行ふことはできない。

第79条〔最高裁判所の裁判官，国民審査，定年，報酬〕① 最高裁判所は，その長たる裁判官及び法律の定める員数のその他の裁判官でこれを構成し，その長たる裁判官以外の裁判官は，内閣でこれを任命する。
② 最高裁判所の裁判官の任命は，その任命後初めて行はれる衆議院議員総選挙の際国民の審査に付し，その後十年を経過した後初めて行はれる衆議院議員総選挙の際更に審査に付し，その後も同様とする。
③ 前項の場合において，投票者の多数が裁判官の罷免を可とするときは，その裁判官は，罷免される。
④ 審査に関する事項は，法律でこれを定める。
⑤ 最高裁判所の裁判官は，法律の定める年齢に達した時に退官する。
⑥ 最高裁判所の裁判官は，すべて定期に相当額の報酬を受ける。この報酬は，在任中，これを減額することができない。

第80条〔下級裁判所の裁判官・任期・定年，報酬〕① 下級裁判所の裁判官は，最高裁判所の指名した者の名簿によつて，内閣でこれを任命する。その裁判官は，任期を十年とし，再任されることができる。但し，法律の定める年齢に達した時には退官する。
② 下級裁判所の裁判官は，すべて定期に相当額の報酬を受ける。この報酬は，在任中，これを減額することができない。

第81条〔法令審査権と最高裁判所〕最高裁判所は，一切の法律，命令，規則又は処分が憲法に適合するかしないかを決定する権限を有する終審裁判所である。

第82条〔裁判の公開〕① 裁判の対審及び判決は，公開法廷でこれを行ふ。
② 裁判所が，裁判官の全員一致で，公の秩序又は善良の風俗を害する虞があると決した場合には，対審は，公開しないでこれを行ふことができる。但し，政治犯罪，出版に関する犯罪又はこの憲法第三章で保障する国民の権利が問題となつてゐる事件の対審は，常にこれを公開しなければならない。

第7章 財政

第83条〔財政処理の基本原則〕国の財政を処理する権限は，国会の議決に基いて，これを行使しなければならない。

第84条〔課税〕あらたに租税を課し，又は現行の租税を変更するには，法律又は法律の定める条件によることを必要とする。

第85条〔国費の支出及び国の債務負担〕国費を支出し，又は国が債務を負担するには，国会の議決に基くことを必要とする。

第86条〔予算〕内閣は，毎会計年度の予算を作成し，国会に提出して，その審議を受け議決を経なければならない。

第87条〔予備費〕① 予見し難い予算の不足に充てるため，国会の議決に基いて予備費を設け，内閣の責任でこれを支出することができる。
② すべて予備費の支出については，内閣は，

事後に国会の承諾を得なければならない。

第88条〔皇室財産・皇室の費用〕 すべて皇室財産は，国に属する。すべて皇室の費用は，予算に計上して国会の議決を経なければならない。

第89条〔公の財産の支出又は利用の制限〕 公金その他の公の財産は，宗教上の組織若しくは団体の使用，便益若しくは維持のため，又は公の支配に属しない慈善，教育若しくは博愛の事業に対し，これを支出し，又はその利用に供してはならない。

第90条〔決算検査，会計検査院〕 ① 国の収入支出の決算は，すべて毎年会計検査院がこれを検査し，内閣は，次の年度に，その検査報告とともに，これを国会に提出しなければならない。

② 会計検査院の組織及び権限は，法律でこれを定める。

第91条〔財政状況の報告〕 内閣は，国会及び国民に対し，定期に，少くとも毎年一回，国の財政状況について報告しなければならない。

第 8 章　地方自治

第92条〔地方自治の基本原則〕 地方公共団体の組織及び運営に関する事項は，地方自治の本旨に基いて，法律でこれを定める。

第93条〔地方公共団体の機関，その直接選挙〕 ① 地方公共団体には，法律の定めるところにより，その議事機関として議会を設置する。

② 地方公共団体の長，その議会の議員及び法律の定めるその他の吏員は，その地方公共団体の住民が，直接これを選挙する。

第94条〔地方公共団体の権能〕 地方公共団体は，その財産を管理し，事務を処理し，及び行政を執行する権能を有し，法律の範囲内で条例を制定することができる。

第95条〔特別法の住民投票〕 一の地方公共団体のみに適用される特別法は，法律の定めるところにより，その地方公共団体の住民の投票においてその過半数の同意を得なければ，国会は，これを制定することができない。

第 9 章　改　　正

第96条〔改正の手続，その公布〕 ① この憲法の改正は，各議院の総議員の三分の二以上の賛成で，国会が，これを発議し，国民に提案してその承認を経なければならない。この承認には，特別の国民投票又は国会の定める選挙の際行はれる投票において，その過半数の賛成を必要とする。

② 憲法改正について前項の承認を経たときは，天皇は，国民の名で，この憲法と一体を成すものとして，直ちにこれを公布する。

第10章　最高法規

第97条〔基本的人権の本質〕 この憲法が日本国民に保障する基本的人権は，人類の多年にわたる自由獲得の努力の成果であつて，これらの権利は，過去幾多の試錬に堪へ，現在及び将来の国民に対し，侵すことのできない永久の権利として信託されたものである。

第98条〔最高法規，条約及び国際法規の遵守〕 ① この憲法は，国の最高法規であつて，その条規に反する法律，命令，詔勅及び国務に関するその他の行為の全部又は一部は，その効力を有しない。

② 日本国が締結した条約及び確立された国際法規は，これを誠実に遵守することを必要とする。

第99条〔憲法尊重擁護の義務〕 天皇又は摂政及び国務大臣，国会議員，裁判官その他の公務員は，この憲法を尊重し擁護する義務を負ふ。

第11章　補　　則

第100条〔憲法施行期日，準備手続〕 ① この憲法は，公布の日から起算して六箇月を経過した日（昭和22年5月3日）から，これを施行する。

② この憲法を施行するために必要な法律の制定，参議院議員の選挙及び国会召集の手続並びにこの憲法を施行するために必要な準備手続は，前項の期日よりも前に，これを行ふことができる。

第101条〔経過規定－参議院未成立の間の国

会〕この憲法施行の際，参議院がまだ成立してゐないときは，その成立するまでの間，衆議院は，国会としての権限を行ふ。

第102条〔同前－第一期の参議院議員の任期〕この憲法による第一期の参議院議員のうち，その半数の者の任期は，これを三年とする。その議員は，法律の定めるところにより，これを定める。

第103条〔同前－公務員の地位〕この憲法施行の際現に在職する国務大臣，衆議院議員及び裁判官並びにその他の公務員で，その地位に相応する地位がこの憲法で認められてゐる者は，法律で特別の定をした場合を除いては，この憲法施行のため，当然にはその地位を失ふことはない。但し，この憲法によつて，後任者が選挙又は任命されたときは，当然その地位を失ふ。

用語索引

あ 行

- アクセス権……………………32
- 新しい人権……………………33
- アファーマティブ・アクション……50
- 違憲審査権(司法審査権)…………100
- 違憲な条件の法理………………44
- 違憲判決の効力…………………111
- 萎縮効果………………………41
- 一院制／二院制…………………74
- 委任立法………………………74
- インカメラ……………………96
- 訴えの利益……………………92
- 上乗せ・横だし条例……………116
- 営業の自由……………………57
- 栄典……………………………20
- LRAの基準……………………111
- エンドースメントテスト…………36
- 公の支配………………………113
- 恩赦……………………………20
- オンブズマン…………………119

か 行

- 海外渡航の自由…………………59
- 会期……………………………76
- 会計検査院……………………114
- 外国人の人権……………………27
- 解散……………………………86
- 下級裁判所……………………90
- 閣議……………………………86
- 学習権…………………………63
- 学問の自由……………………47
- 過度の広範性ゆえに無効の法理……45
- 環境権…………………………32
- 間接的・付随的制約……………41
- 議案……………………………77
- 議院……………………………77
- 議院規則………………………74
- 議院規則制定権…………………77
- 議員定数の不均衡………………82
- 議院内閣制……………………70
- 機関訴訟………………………94
- 儀式的行為／儀礼的行為…………18
- 規則……………………………85
- 貴族制度………………………18
- 期待権…………………………44
- 基本的人権……………………25
- 逆差別…………………………50
- 客観訴訟………………………93
- 教育を受ける権利………………63
- 教授の自由……………………47
- 行政権／執行権／執政権…………84
- 行政行為………………………87
- 行政の不作為…………………87
- 共和制…………………………2
- 許可制…………………………58
- 居住・移転の自由………………58
- 緊急集会………………………78
- 緊急逮捕………………………54
- 近代立憲主義…………………11
- 欽定憲法………………………9
- 勤労の義務……………………68

具体的権利	62
君主制	2
経済的自由	56
形式的意味の憲法	7
形式的平等	48
刑事補償	55
決算	115
結社の自由	46
検閲	38
嫌煙権	32
現行犯	53
原告適格	91
現代型訴訟	95
憲法	6
憲法改正	119
憲法慣習	8
憲法制定権	8
憲法訴訟	95
憲法尊重擁護義務	121
憲法調査会	120
憲法判断	101
憲法保障	120
権利の性格	25
権力	1
権力分立(三権分立)	70
言論・出版の自由	41
皇位	19
公共の福祉	29
公金支出	113
合憲限定解釈	108
合憲性の推定	109
皇室	19
公正な論評の法理	40
公聴会	78

公布	13
幸福追求権	33
公務員の人権	26
合理性の基準	110
国事行為	17
国政調査権	78
国籍離脱の自由	58
国民	1
国民審査	97
国民投票	120
国民内閣制	84
国務請求権	66
個人情報保護制度	38
個人の尊厳	25
国家	1
国会	71
国会議員	75
国家緊急権	4
国家賠償	67
国権の最高機関	73
戸別訪問の禁止	82
根本規範	121

さ　行

在外国民の選挙権	65
在監者の人権	28
罪刑法定主義	52
最高裁判所	90
最高裁判所規則	90
最高法規	121
財産権	59
財政民主主義	112
裁判員制度	98
裁判外紛争処理手続	98

索引

裁判官……………………97	住民訴訟……………………95
裁判の公開…………………96	主権…………………………15
裁判を受ける権利…………67	取材源秘匿権………………44
裁量の逸脱・濫用…………108	取材の自由…………………43
参議院………………………79	首相公選制…………………118
参政権………………………65	常会…………………………80
三段階審査…………………107	消極国家………………………4
自衛権………………………21	肖像権………………………31
私学助成……………………113	象徴…………………………19
事件性………………………93	証人…………………………79
自己決定権…………………34	情報公開請求権……………68
自己情報コントロール権…31	情報公開制度………………38
自主財政権…………………115	条約…………………………12
自主立法権…………………116	将来効判決…………………103
事情判決……………………106	条例…………………………116
自然権………………………10	職業選択の自由……………56
事前抑制……………………39	処分違憲……………………106
思想・良心の自由…………35	知る権利……………………42
自治事務……………………117	信教の自由…………………35
実質的意味の憲法……………7	人権享有主体………………26
実質的証拠法則……………102	人権宣言……………………11
私人間効力…………………26	人身の自由…………………50
自白…………………………55	人身保護令状………………51
司法管轄権…………………89	請願権………………………68
司法権………………………88	政教分離の原則……………36
司法権の限界………………89	制限規範……………………14
司法消極主義／司法積極主義……102	制限選挙……………………82
社会権………………………61	誠実な法の執行……………84
自由委任／命令委任………73	政治的意味の代表…………72
衆議院………………………79	精神的自由…………………34
宗教的行為の自由…………35	生存権………………………61
私有財産制度………………60	政党…………………………80
集団的自衛権………………21	正当な補償…………………61
住民自治……………………117	制度的保障…………………37

成文憲法／不文憲法	7	党議拘束	81
政令(命令)	85	統治権	17
世界人権宣言	12	統治行為(政治問題)	103
絶対的平等	48	投票価値の平等	49
選挙権／被選挙権	65	ドゥオーキン	6
選挙制度	81	特別権力関係	29
全国民の代表	71	特別裁判所	91
全体の奉仕者	27	特別の犠牲	60
扇動	39	独立行政委員会	88
前文	15	囚われの聴衆	42
先例拘束性	100	奴隷的拘束からの自由	51
争議権	64		
総辞職	86	な 行	
遡及処罰の禁止	55		
租税法律主義	112	内閣	83
		内閣総理大臣の異議	88
た 行		内在的制約	30
		内容規制／内容中立規制	39
大学の自治	47	ナシオン	16
第三者の権利の援用	92	軟性憲法	14
大日本帝国憲法	9	二重の危険	53
弾劾	76	二重の基準	30
団結権	64	日米安全保障条約	22
団体交渉権	64	日本国民の総意	16
団体自治	117	入国の自由	27
地方自治特別法	118	納税の義務	69
地方自治の本旨	115		
抽象的権利	62	は 行	
徴兵制	22		
抵抗権	3	陪審制	97
ディパートメンタリズム	70	配分的正義	49
適正手続(デュー・プロセス)	52	パブリック・フォーラム	45
適用違憲	104	半代表	72
テロ対策法制	23	判断過程統制	108
天皇	17	判例	99
		反論権	42

非訟事件……………………96
表現の自由…………………37
比例原則……………………107
比例代表制…………………66
プープル……………………16
福祉国家……………………5
不逮捕特権…………………75
普通選挙……………………81
部分社会の法理……………103
部分無効……………………105
プライバシー権……………30
プログラム規定……………62
文民統制……………………87
兵役の義務…………………51
ヘイトスピーチ（憎悪言論）……46
平和維持活動………………22
平和主義……………………20
別件逮捕……………………54
弁護人依頼権………………56
包括的基本権………………33
法人の人権…………………28
放送の自由…………………43
法治国家……………………5
傍聴の自由…………………67
法廷意見……………………99
法廷手続の保障（適正手続）………52
報道の自由…………………43
法の支配……………………14
法の下の平等………………48
法律上の争訟………………93
法律の留保…………………9
法令違憲……………………105
傍論…………………………99
補足意見／意見／反対意見／少数意

見……………………………100

ま 行

マグナ・カルタ……………11
マッカーサー・ノート……13
未成年者の人権……………28
民衆訴訟……………………94
民主主義……………………5
民定憲法……………………10
明確性の原則………………46
明白かつ現在の危険………110
明白性の原則………………111
名誉毀損の免責……………40
名誉権………………………31
免責特権……………………76
目的効果基準………………110
目的二分論…………………57
モンテスキュー……………3

や 行

唯一の立法機関……………73
有事法制……………………23
予算…………………………114

ら 行

立憲主義……………………6
立憲主義と民主主義………122
立法裁量……………………83
立法事実……………………106
立法の不作為………………83
立法権………………………71
ルソー………………………2
令状主義……………………54
レモンテスト………………36

連邦制……………………………119
労働基本権…………………………63
ロック………………………………3

わ行

わいせつの概念……………………40
ワイマール憲法……………………12

執筆者紹介

【編　者】
大沢　秀介　　　おおさわ　ひでゆき　　慶應義塾大学法学部教授
大林　啓吾　　　おおばやし　けいご　　千葉大学大学院専門法務研究科准教授

【著　者】
青柳　卓弥　　　あおやぎ　たくや　　　平成国際大学法学部教授
新井　誠　　　　あらい　まこと　　　　広島大学大学院法務研究科教授
稲谷　龍彦　　　いなたに　たつひこ　　京都大学大学院法学研究科准教授
稲葉　実香　　　いなば　みか　　　　　金沢大学大学院法務研究科准教授
井上　武史　　　いのうえ　たけし　　　岡山大学法学部准教授
岩切　大地　　　いわきり　だいち　　　立正大学法学部准教授
上田　健介　　　うえだ　けんすけ　　　近畿大学大学院法務研究科教授
大江　一平　　　おおえ　いっぺい　　　東海大学総合教育センター准教授
岡田　順太　　　おかだ　じゅんた　　　白鷗大学大学院法務研究科准教授
尾形　健　　　　おがた　たけし　　　　同志社大学法学部教授
片桐　直人　　　かたぎり　なおと　　　近畿大学法学部准教授
神尾　将紀　　　かみお　まさのり　　　お茶の水女子大学非常勤講師
北村　總子　　　きたむら　ふさこ　　　北村メンタルヘルス研究所研究員
小谷　順子　　　こたに　じゅんこ　　　静岡大学人文社会科学部法学科教授
小林　伸一　　　こばやし　しんいち　　清和大学法学部准教授
櫻井　智章　　　さくらい　ともあき　　甲南大学法学部准教授
佐々木くみ　　　ささき　くみ　　　　　東北学院大学法学部准教授
清水　潤　　　　しみず　じゅん　　　　中央大学法科大学院助教
上代　庸平　　　じょうだい　ようへい　武蔵野大学法学部准教授
須賀　博志　　　すが　ひろし　　　　　京都産業大学法学部教授
鈴木　敦　　　　すずき　あつし　　　　山梨学院大学法学部専任講師
田代　亜紀　　　たしろ　あき　　　　　専修大学大学院法務研究科准教授
築山　欣央　　　つきやま　よしお　　　愛知学泉大学現代マネジメント学部准教授
手塚　崇聡　　　てづか　たかとし　　　椙山女学園大学現代マネジメント学部講師
手塚　貴大　　　てづか　たかひろ　　　広島大学法学部准教授
奈須　祐治　　　なす　ゆうじ　　　　　西南学院大学法学部教授
二宮　貴美　　　にのみや　きみ　　　　同志社大学嘱託講師
福井　康佐　　　ふくい　こうすけ　　　桐蔭法科大学院教授
福嶋　敏明　　　ふくしま　としあき　　神戸学院大学法学部准教授
丸　祐一　　　　まる　ゆういち　　　　東京大学医科学研究所特任助教
森脇　敦史　　　もりわき　あつし　　　福岡県立大学人間社会学部准教授
山本　龍彦　　　やまもと　たつひこ　　慶應義塾大学法科大学院教授
山本まゆこ　　　やまもと　まゆこ　　　東北学院大学法学部准教授
横大道　聡　　　よこだいどう　さとし　鹿児島大学教育学部准教授
吉田　仁美　　　よしだ　ひとみ　　　　関東学院大学法学部教授
渡井理佳子　　　わたい　りかこ　　　　慶應義塾大学法科大学院教授

（五十音順）

確認憲法用語
Keywords of Constitutional Law

2014年9月10日　初版　第1刷発行

編　者	大　沢　秀　介
	大　林　啓　吾

発行者　阿　部　耕　一

〒162-0041　東京都新宿区早稲田鶴巻町514
発行所　株式会社　成　文　堂
電話 03(3203)9201(代)　Fax 03(3203)9206
http://www.seibundoh.co.jp

印刷・製本　藤原印刷

☆乱丁・落丁はおとりかえいたします☆

© 2014 Ohsawa　Obayashi
ISBN978-4-7923-0566-6 C3032

定価（本体800円＋税）　　　　　検印省略